QUEL AVENIR POUR LE JURY CRIMINEL ?

Cet ouvrage est issu des actes du colloque
des 4-5 octobre 2023, organisé par le CRJP8,
à l'Université Paris 8 Vincennes Saint-Denis.

QUEL AVENIR POUR LE JURY CRIMINEL ?

Sous la direction de
Benjamin Fiorini

Avec les contributions de

Dimmy Altimo, Hugues Bouthinon-Dumas,
Pierre-Olivier Chaumet, Vanessa Codaccioni, Dominique Coujard,
Lola Egido, Benjamin Fiorini, Célia Gissinger-Bosse,
Sabrina Goldman, Marc Hédrich, Bruno Hueber, Henri Leclerc,
Chloé Liévaux, Kevin Mariat, Stéphane Maugendre

Lefebvre Dalloz

DALLOZ

2025

DALLOZ

Tour Lefebvre Dalloz – 10, place des Vosges
CS90358 – 92072 Paris La Défense Cedex

ISBN : 978-2-247-23773-9

Sommaire

Il est peu d'hommes authentiquement admirables.

Pour la noblesse de ses combats,
Pour la puissance de son verbe,
Pour sa profonde gentillesse,
Henri Leclerc en faisait partie.

Qu'il continue à nous inspirer.

Introduction

BENJAMIN FIORINI
Maître de conférences en droit privé et sciences criminelles à l'Université Paris 8,
directeur de l'Institut d'études judiciaires de l'Université Paris 8,
juge assesseur UNHCR à la Cour nationale du droit d'asile,
président de l'association Sauvons les assises!

Il est rare, dans un pays prétendument démocratique, qu'un gouvernement décide ouvertement de dépouiller les citoyens d'une partie de leurs droits fondamentaux. C'est pourtant ce qui s'est produit en France le 1er janvier 2023. À cette date, sans sommation et sans véritable débat public préalable, les Français ont été privés de deux droits réputés sacrés depuis la Révolution : celui de participer au jugement de tous les crimes (c'est-à-dire des infractions les plus graves aux yeux de la loi[1]), et celui d'être jugé par leurs pairs. En cause : la suppression du jury populaire pour juger la majorité des affaires criminelles.

Désormais, les crimes punis de quinze ou vingt ans de réclusion, dès lors qu'ils sont reprochés à des personnes majeures non-récidivistes, ne sont plus jugés par une cour d'assises composée de trois juges professionnels et de six jurés citoyens tirés au sort sur les listes électorales. Leur jugement en première instance est confié à une nouvelle juridiction appelée *cour criminelle départementale*, dont la principale caractéristique est d'être exclusivement composée de juges professionnels, cinq au total. Exit, donc, le jury populaire. Celui-ci n'intervient plus qu'en cas d'appel, ainsi que pour le jugement des crimes punis d'une peine supérieure à vingt ans de réclusion, par exemple les meurtres.

Concrètement, les cours criminelles départementales ont absorbé 57 % des affaires jusqu'alors réservées aux cours assises. La très grande majorité des crimes qu'elles jugent sont des viols (environ 88 %), même si d'autres infractions sont concernées, telles que les tortures ou actes de barbarie, les vols à main armée, ou encore les violences mortelles. La cour criminelle

1. Le Code pénal définit les crimes comme les infractions pour lesquelles la peine encourue est supérieure à dix ans d'emprisonnement. Ils se distinguent des délits, qui font encourir une peine d'emprisonnement inférieure ou égale à dix ans, et/ou une peine d'amende supérieure à 1 500 €. Les infractions de moindre gravité que les délits sont des contraventions.

départementale est donc devenue la juridiction criminelle de principe. La cour d'assises et le jury populaire, quant à eux, n'interviennent plus que dans une minorité de cas. La participation citoyenne à la justice criminelle n'est plus le principe ; elle est devenue l'exception.

L'objet de cet ouvrage est d'ouvrir un débat de société sur cet effacement du jury populaire. Il vise, d'abord, à démontrer que cette mesure est la résultante d'un long processus historique de mise à l'écart du peuple. Tel est le sens de la contribution du professeur Pierre-Olivier Chaumet, qui constate que « la légitimité de cette instance a toujours fait l'objet de controverses[2] » et fait état d'un déclin global du jury criminel depuis son apparition en France en 1791, avec pour point d'orgue la fusion de la cour et du jury pour statuer sur la culpabilité en 1941. Les réformes intervenues depuis la Libération ont également eu pour effet d'amenuiser l'influence des citoyens sur les verdicts, comme le montre la contribution de Dimmy Altimo qui relève que « le processus d'anéantissement du jury populaire passe par la réduction de son importance dans les affaires judiciaires en réduisant dans un premier temps le nombre de jurés représentant le peuple et dans un second temps son champ de compétence[3] ». Ce dernier constat sort renforcé par l'analyse de la professeure Vanessa Codaccioni, qui montre que la soustraction aux jurés d'assises des affaires politiques et terroristes s'inscrit dans une logique répressive et autoritaire : « Historiquement en effet, on observe une réticence des gouvernements ou des chefs d'État à faire juger ces derniers par les citoyens ordinaires, d'une part pour pouvoir soumettre les juges et la justice à leur volonté répressive et faire condamner plus facilement leurs cibles, et d'autre part et incidemment pour éviter la supposée clémence et tolérance du jury envers les opposants ou les militants[4]. »

Le présent ouvrage vise, en outre, à établir que le recul du jury constitue une régression préoccupante pour la qualité de la justice. Sur ce dernier point, il contient de précieux développements sur les raisons *concrètes* pour lesquelles la présence du jury populaire est gage d'une bonne justice. Loin d'être purement théorique, ces développements sont au contraire le fait de praticiens – magistrats comme avocats – qui éprouvent la cour d'assises dans leur labeur quotidien et savent ce que les jurés apportent à la justice criminelle. Du côté des magistrats, Marc Hédrich, président de la cour d'assises de Martinique, évoque de manière touchante son expérience pratique en ces termes élogieux : « Ce sont chaque fois des moments de démocratie authentique couverts par le secret mais qu'on rêverait de partager tellement ils illustrent l'essence même de cette justice citoyenne. Une cour d'assises qui

2. P.-O. Chaumet, « Le jury criminel en France : une histoire controversée (1791-1941) », v. *infra*, p. 9.
3. D. Altimo, « L'effacement moderne du jury populaire : une régression anti-démocratique », v. *infra*, p. 21.
4. V. Codaccioni, « L'éviction du jury d'assises du jugement des affaires politiques et terroristes », v. *infra*, p. 31.

rapproche la justice des citoyens, ce "lieu de socialisation unique" où s'exerce une liberté politique d'un genre particulier, dont la citoyenneté sort transformée[5]. » Dominique Coujard, ancien président de cour d'assises, abonde en ce sens, lui pour qui le jury « est le lien organique réel et non symbolique qui unit la justice au peuple[6] ». Le concert de louanges se poursuit en lisant les contributions des avocats pénalistes, qu'ils se situent du côté de la défense ou des parties civiles. S'exprimant pour le compte du Syndicat des avocats de France (SAF), Me Stéphane Maugendre décrit en ces termes les propos de ceux dont il a plaidé les intérêts aux assises : « "J'ai été jugé par des gens comme moi", n'ont cessé de me dire mes accusé.e.s ou parties civiles depuis 36 années de carrière. C'est pour la victime une reconnaissance pleine et entière de sa parole. Symétriquement, l'accusé fait sien le verdict parce qu'il a accès aux mêmes émotions que toutes les personnes présentes dans la salle. Il ou elle reconnait (ou commence à reconnaitre) sa culpabilité. Il ou elle comprend et appréhende la peine à laquelle il ou elle a été condamné.e avec toutes les implications pratiques de l'exécution de cette peine en prison[7]. » De la même façon, Me Sabrina Goldman, s'exprimant au nom de l'Association des avocats pénalistes (ADAP), souligne justement que c'est la présence des jurés qui donne au principe de l'oralité des débats toute sa réalité et toute sa force, ce principe qui « confère à l'audience des potentialités inégalables de restauration du lien social. Le principe de l'oralité des débats appliqué à un jury criminel fait que n'ayant pas accès au dossier d'enquête, l'affaire est examinée dans son intégralité durant l'audience ; la présence de citoyens qui ne sont pas des professionnels de la justice oblige à passer plus de temps sur les choses et à davantage de pédagogie, ce qui bénéficie aussi aux parties, l'accusé comme la parte civile. L'ensemble des professionnels s'accorde à reconnaître à la cour d'assises une excellence dans le traitement de ses affaires. C'est une justice de qualité, patiente et méticuleuse[8] ».

Au-delà de cet intérêt pratique du jury criminel, les présentes contributions entendent s'interroger sur sa légitimité, en démontrant que son recul constitue simultanément une régression pour la démocratie, la citoyenneté et la cause féministe. La déperdition démocratique est particulièrement évidente si l'on se place du côté des jurés, que Célia Gissinger-Bosse a longuement questionnés dans le cadre de ses travaux et qui pour l'écrasante majorité d'entre eux relatent une expérience particulièrement positive, ce qui pousse la sociologue à s'interroger : « Sans doute est-il possible de penser que l'absence d'intérêt

5. M. Hédrich, « Vous avez dit démocratie directe? Chronique d'un délibéré de cour d'assises », v. *infra*, p. 39.
6. D. Coujard, « La légitimité du jury populaire face à celle des magistrats professionnels », v. *infra*, p. 79.
7. S. Maugendre, « L'intérêt pratique du jury criminel : le point de vue du Syndicat des avocats de France », v. *infra*, p. 59.
8. S. Goldman, « L'intérêt pratique du jury criminel : le point de vue de l'Association des avocats pénalistes », v. *infra*, p. 85.

réel pour la parole des anciens jurés a conduit à sa progressive disparition[9]. » Sur un plan plus politique et philosophique, le professeur Bruno Hueber, fin connaisseur d'Alexis de Tocqueville, met magistralement en lumière le lien unissant jury, démocratie et citoyenneté : « La politique, pour Tocqueville, est d'abord un projet : celui d'une cinétique authentique irriguant l'ensemble le plus large du corps social, garante de progrès, d'implication, de cohésion et au premier chef de libertés. Or, le jury est précisément une de ces institutions qui, sans grand tapage, exprime et permet encore cette participation citoyenne, cette implication concrète, cette culture civique que la conscription, pour l'heure, ne peut plus prétendre assurer, et que l'École ne promeut parfois plus guère en fait, au-delà d'un discours plus ou moins opportuniste sur les "valeurs"[10]. » Toujours sur le plan politique, ma propre contribution entend démontrer que la création des cours criminelles départementales constitue un affront majeur à la cause féministe, puisque, « de manière très concrète, tout se passe comme si le législateur avait créé une sorte de *super-tribunal correctionnel du viol* ou de *sous-cour d'assises du viol*, en opérant une distinction symbolique entre les crimes de première division (meurtre, empoisonnement, assassinat, etc.) qui méritent encore le regard des citoyens pour être jugés, et les crimes de deuxième division, dont le principal représentant est le viol, qui ne le méritent plus[11] ».

Le présent ouvrage vise, enfin, à s'interroger sur l'horizon du jury criminel. Est-il voué à disparaître au nom de la rationalité managériale, ou peut-on espérer sa survie, voire son regain ? Pour cela, certains contributeurs ont judicieusement choisi de tourner leur regard vers l'étranger. Tel est le cas de Kevin Mariat qui, en analysant le système italien, montre que la question de la participation des citoyens à l'exercice de la justice criminelle, si elle constitue partiellement une question technique, est essentiellement une question politique : « l'Italie confirme, si besoin il en était, que l'idée même de la participation du peuple à l'administration de la justice – indépendamment de sa forme – est d'abord et avant tout *une question politique* et, donc, une question susceptible de manipulations politiques. Loin d'avoir perdu de sa force, la dimension politique de la participation du peuple à la justice, en particulier criminelle, doit être assumée pour mieux être questionnée[12] ». De son côté, Lola Egido nous renseigne sur la place et le rôle du jury criminel dans le système pénal américain. Elle démontre que si les États-Unis sont *a priori* la terre d'élection des jurés, les impératifs de gestion de flux, identiques à

9. C. Gissinger-Bosse, « Le point de vue des anciens jurés : une expérience démocratique », v. *infra*, p. 45.
10. B. Hueber, « Tocqueville et l'enjeu politique du jury populaire : la leçon de l'Amérique », v. *infra*, p. 67.
11. B. Fiorini, « L'éviction du jury populaire : une régression pour la cause féministe », v. *infra*, p. 91.
12. K. Mariat, « La participation du peuple au jugement des crimes en Italie », v. *infra*, p. 103.

ceux que nous connaissons sur le Vieux Continent, ont conduit les Américains à imaginer de nouvelles manières de juger les crimes, de sorte que le jury n'intervient désormais plus que dans 2 % des affaires pénales – bien qu'il soit sur le papier une garantie constitutionnelle ! Selon elle, « l'exemple américain doit nous alerter sur les conséquences que peuvent entraîner, sur le long terme, l'éloignement du citoyen de la justice à la fois sur le plan de la légitimité des décisions, mais également sur la confiance dans l'institution judiciaire[13] ». Enfin, Chloé Liévaux a questionné le(s) système(s) suisse(s) où, en dépit d'une réforme du Code de procédure pénale fédérale intervenue en 2011 qui a globalement fait reculer le jury criminel au sens strict, d'autres formes de participations citoyennes à la justice criminelle persistent. Elle montre toutefois que la réforme, d'essence gestionnaire, a débouché sur un système pénal qui « présente le défaut majeur de produire une décision de justice rationnelle et formelle dans la mesure où les débats à l'audience sont devenus une formalité[14] », ce qui interroge sur l'épaisseur humaine de l'audience criminelle et, plus généralement, sur la légitimité d'une justice pénale résolument technocratique. Outre ces enseignements de droit comparé, Hugues Bouthinon-Dumas montre qu'en France, la création des cours criminelles a été conçue par la Chancellerie comme un « problème de plomberie » – et même, de « mauvaise plomberie » ! –, ce qui explique probablement la médiocrité de leur bilan à cette heure. Sa contribution rappelle qu'il n'existera nulle bonne justice criminelle sans un investissement financier à la hauteur de cette ambition, ce qui serait parfaitement compatible avec le maintien du jury criminel : « En réalité, pour que la justice criminelle soit en mesure de faire face aux affaires criminelles qui sont nombreuses et même vouées à augmenter (ce qui n'a guère été anticipé par les promoteurs de la réforme), il faut absolument que des moyens suffisants et adaptés lui soient alloués[15]. » À ceux qui, se sentant pénétrés d'une vérité subtile, répètent inlassablement que « si la justice n'a pas de prix, elle a un coût », nous devrons répondre tout aussi inlassablement que « si la justice à un coût, elle n'a pas de prix ! »

En fin de compte, deux idées fondamentales ressortent du présent ouvrage : premièrement, la question de l'existence ou non du jury populaire n'est pas une question technique réservée aux initiés. *Jury or no jury* est avant tout une question politique, à laquelle chaque citoyen peut légitimement apporter sa réponse. Secondement, il apparaît clair que pour la plupart des contributeurs, il serait préférable de confier le jugement des crimes à un panel de citoyens désignés par le sort, assistés de magistrats le cas échéant, qu'à un aréopage de juges professionnels.

13. L. Egido, « Le jury criminel aux États-Unis : entre mythe et réalité », v. *infra*, p. 115.
14. C. Liévaux, « La suppression du jury populaire en Suisse : une disparition en trompe-l'œil ? Entre démocratisation et rationalisation de la justice pénale », v. *infra*, p. 125.
15. H. Bouthinon-Dumas, « Les cours criminelles départementales peuvent-elles être une réponse à la crise de la justice criminelle ? », v. *infra*, p. 137.

Formulée de manière si abrupte, l'affirmation peut sembler provocatrice. « Tout de même ! Les magistrats suivent une longue formation pour apprendre à bien juger, penseront certains lecteurs. Ils savent écouter, comprendre la finesse des situations, se mettre à distance de leurs préjugés. Tout au long de leur carrière, ils développent des compétences spécifiques et un savoir-faire dont les quidams, quelle que soit leur bonne volonté, ne disposent pas. Alors, pourquoi se priver de leurs services dans les affaires criminelles où les enjeux sont les plus importants ? C'est justement là que leur expérience est la plus profitable ! Si juger est un métier, alors pourquoi s'encombrer des jurés, faisant ainsi entrer l'ignorance dans les prétoires, au moment précis où la justice a le plus besoin de la lumière des magistrats ? »

Je demande néanmoins à tous ceux qui se reconnaîtraient dans ces interrogations de poursuivre leur lecture. En vérité, leurs questionnements renvoient à l'admirable formule du professeur Benoît Frydman, qui dépeint le jury populaire comme une « familière étrangeté[16] ». « Familière », car pour les professionnels du droit comme pour les profanes, le jury représente une image forte de l'institution judiciaire, l'incarnation de l'idée selon laquelle la justice est rendue « au nom du Peuple français ». Il est à la fois un symbole de la justice et la manifestation d'un idéal démocratique, puisque dans notre pays, « il n'existe pas d'institution plus démocratique qu'une cour d'assises[17] ». À ce titre, le jury populaire fait partie de notre *inconscient judiciaire collectif*. Il reste toutefois une « étrangeté », car dans nos sociétés occidentales modernes où la quasi-totalité des pouvoirs politiques sont délégués à des représentants, où l'expertise de quelques élites est davantage valorisée que l'intelligence collective, une instance permettant aux citoyens de trancher directement une question posée à la communauté – celle du crime et de la réaction sociale qu'il appelle – a quelque chose d'iconoclaste, d'inhabituel, d'en dehors du temps.

Archaïsme de mauvais aloi pour quelques-uns, survivance d'un passé glorieux et horizon démocratique pour les autres, le jury populaire ne laisse personne indifférent. Il a notamment suscité l'intérêt de Me Henri Leclerc, ardent défenseur du jury, qui a participé à ce colloque et auquel j'entends dédier ce livre. Ce dernier s'achève sur ses propos conclusifs, que les éditions Dalloz ont eu la gentillesse de retranscrire.

16. B. Frydman, « Juge professionnel et juge citoyen : l'échevinage à la croisée de deux cultures judiciaires », *in* B. Frydman, J. Hubin et J. Gillardin, *La participation des citoyens à l'administration de la justice*, Bruxelles, Bruylant, coll. « Les cahiers de l'Institut d'études sur la Justice », 2006, n° 8, p. 13.
17. M. Hédrich, « Le viol, la technocratie et le peuple », *Gaz. Pal.* 2022, n° 21, p. 10.

PREMIÈRE PARTIE

L'histoire du jury criminel

Le jury criminel en France : une histoire controversée (1791-1941)

PIERRE-OLIVIER CHAUMET
Professeur en histoire du droit et des institutions à l'Université Paris 8

En France, l'avènement du jury criminel remonte à la période révolutionnaire. Mais la légitimité de cette instance a toujours fait l'objet de controverses. Si l'on remonte dans l'histoire, on retrouve la trace de jurys populaires dès l'Antiquité. À Athènes, il existe un tribunal dont les membres, tirés au sort parmi les citoyens, sont chargés de rendre la justice[1]. Par la suite, cette institution s'exporte à Rome avec la constitution des *quæstiones perpetuae*[2], tribunaux criminels constitués d'un président et de plusieurs jurés.

Si, au cours du Moyen Âge, il n'est pas rare dans les cours féodales d'être jugé par ses pairs, le principe tend peu à peu en France à s'effacer à partir du XIIIe siècle avec la professionnalisation de la justice. Dans les pays européens, seule l'Angleterre conserve le principe du « judgment by peers » qu'elle inscrit officiellement en 1679 dans l'*Habeas corpus*[3]. À la même époque, la justice française fait, au contraire, l'objet de nombreuses critiques. Adoptée sous le règne de Louis XIV, l'ordonnance criminelle de 1670 est considérée par de nombreux sujets du royaume comme particulièrement injuste. Au dernier siècle de l'Ancien Régime, les philosophes des Lumières tentent, du reste, de s'appuyer sur le modèle anglais pour dénoncer les manquements du système judiciaire français. C'est le cas par exemple de Montesquieu, Rousseau et, bien évidemment, de Voltaire[4].

---

1. V. Aristote, *La Politique*, Paris, Vrin, 1995, p. 595.
2. En effet, les *quæstiones perpetuæ* sont des tribunaux permanents établis à Rome pour connaître des affaires criminelles. À l'époque, il en existe un grand nombre et concernant différents domaines : la concussion, le péculat, les parricides, les crimes de corruption des juges, etc.
3. Adoptée par le parlement anglais, cette loi a pour but de garantir les libertés individuelles devant la justice. Afin d'éviter toute détention arbitraire, elle donne notamment le droit à tout accusé de pouvoir comparaître immédiatement.
4. Voltaire, *Commentaire du traité des délits et des peines*, Paris, Hachette, 2018, p. 76.

À quelques mois de la convocation des États-généraux, la colère de l'opinion publique à l'égard de la justice criminelle se retrouve, cette fois-ci, dans les Cahiers de doléances. On y réclame pêle-mêle la publicité des procédures, l'assistance d'un conseil, la disparition de tout arbitraire et surtout... l'institution du jury. Dès les premiers mois de la Révolution, une évidence s'impose aux constituants. Le recours aux jurés est à leurs yeux le meilleur moyen de protéger les libertés individuelles et d'éviter toute dérive arbitraire (I). Mais, quelques années plus tard, l'arrivée de Napoléon Bonaparte au pouvoir engendre de nouveaux bouleversements visant, pour la première fois, à limiter le rôle joué par les jurys populaires (II). Puis, durant les deux siècles suivants, de nouvelles réformes se succèdent sous les différents régimes. Celles-ci vont largement infléchir le système judiciaire initialement promu par les révolutionnaires (III).

I. LE SOUHAIT RÉVOLUTIONNAIRE DE ROMPRE AVEC LA JUSTICE D'ANCIEN RÉGIME

Les critiques portées à l'encontre de la procédure criminelle d'avant 1789 amènent les Constituants à promouvoir un autre système judiciaire qui s'inspire grandement des jurys criminels anglais (A), mais qui dans la pratique subit rapidement des critiques (B).

A. L'ADOPTION DU MODÈLE ANGLAIS...

Dès l'été 1789, les révolutionnaires entendent détruire la justice d'Ancien Régime pour mieux la reconstruire. À l'époque, les changements majeurs portent sur quatre points[5]. En premier lieu, les juges en charge de la culpabilité d'un accusé ne doivent plus être des professionnels de la justice. Ces fonctions doivent désormais revenir à *des citoyens tirés au sort prénommés jurés*. Le but d'une telle réforme est évident : ne plus confier à un seul magistrat, technicien tout puissant, les pleins pouvoirs de vie ou de mort sur une personne.

La deuxième nouveauté est d'autoriser les jurés à prendre leur décision en fonction de *leur intime conviction*. Or cette pratique est inexistante sous l'Ancien Régime où l'acte d'accusation repose sur des preuves réelles (aveux, témoignages, indices indubitables, etc.). Avant 1789, la procédure dans le royaume de France est totalement écrite. En cas d'imperfection des preuves, l'utilisation de la torture pour obtenir une « vérité » est infligée durant toute la phase de l'instruction. Sous l'Ancien Régime, il est interdit au juge de statuer selon son intime conviction, d'où la nécessité absolue pour ce dernier, d'obtenir des aveux coûte que coûte.

À leur arrivée, les constituants entendent également *remettre en cause la procédure inquisitoire* mise en place par l'ordonnance de 1670. Tout d'abord,

5. B. Garnot, *La peine de mort en France du Moyen Âge à 1981*, Paris, Belin, 2017, p. 272.

celle-ci est non-contradictoire puisqu'il n'y a aucune confrontation entre l'inculpé et les témoins. Elle est également secrète. En effet, le mis en cause n'a pas accès aux pièces du dossier patiemment rassemblées par le magistrat. Enfin, le débat est limité uniquement au temps du procès. Soucieux de transparence, les révolutionnaires entendent désormais promouvoir une procédure accusatoire faite à l'oral[6] et en public.

Enfin, la dernière innovation majeure est *la promulgation d'un Code pénal dès 1791*. Dans un volume unique, celui-ci définit la peine encourue pour chaque crime. Là encore, la rupture est majeure avec l'Ancien Régime où les lois pénales s'avèrent très différentes d'une province à une autre.

En s'appuyant sur ces quatre grands principes, les constituants entendent mettre un terme au système judiciaire monarchique pour mieux promouvoir un autre modèle : le jury à l'anglaise. Si sous la monarchie absolutiste, la justice est une prérogative du roi, celle-ci doit désormais être rendue au nom et pour « le peuple français[7] ». Il n'est donc plus nécessaire d'être un spécialiste du droit ou des affaires juridiques pour rendre un verdict[8]. Les premiers jurys criminels sont introduits en France par la loi des 16-29 septembre 1791. Celle-ci institue un jury d'accusation (chargé de l'instruction) et un jury de jugement (chargé de la culpabilité). En établissant ces deux niveaux, les révolutionnaires entérinent un principe fondamental, intégré depuis peu dans la Constitution du 3 septembre 1791 : la séparation du fait (la culpabilité) et du droit (la sentence). Aux yeux des révolutionnaires, ces deux jurys distincts constituent désormais une double barrière pour protéger les libertés individuelles.

À tous les niveaux (accusation et jugement), les jurés font donc leur apparition en matière criminelle grâce à la volonté des révolutionnaires. Par bien des aspects, les pratiques judiciaires, développées à cette époque, sont encore de nos jours d'actualité comme c'est le cas pour la consécration de l'intime conviction, l'oralité des débats ou l'absence de motivation des arrêts[9]. Pour

6. Par réaction contre les pratiques du passé, la Constitution du 3 sept. 1791 n'oublie pas de placer dans l'un de ses articles le principe de l'oralité des débats : « l'examen des témoins sera toujours fait de vive voix et sans que leurs dépositions soient écrites ». À l'époque, cette exigence trouve une justification indépendante de la crainte d'un retour au système judiciaire d'avant 1789. En effet, une large frange de la population ne sait ni lire ni écrire et doit donc s'en remettre aux seules preuves présentées oralement.

7. F. Chauvaud, J.-G. Petit et J.-J. Yvorel, *Histoire de la justice de la Révolution à nos jours*, Rennes, PUR, 2007, p. 170. À noter que l'absence d'appel en matière criminelle trouve, en 1791, un fondement théorique dans l'institution du jury comme émanation, dans le domaine judiciaire, de la souveraineté de la Nation.

8. B. Fayolle, « La procédure criminelle entre permanence et réforme », revue *Histoire de la justice*, 2001, n° 13, p. 65 : « Pour les révolutionnaires, la cour d'assises devait être une juridiction populaire, issue du corps des citoyens et destinée à assurer à tous le bénéfice du jugement par les pairs en faisant prévaloir les principes d'équité, de bon sens et d'humanité sur les arguments juridiques et subtilités chicanières. »

9. À l'origine, cette absence s'explique dans une large mesure par la défiance des révolutionnaires à l'égard des magistrats. Mise sous forme écrite, l'exigence d'une motivation

une courte période, la Révolution de 1789 semble donc promouvoir un jury entièrement populaire[10]. Mais seulement en apparence. En effet, ces derniers doivent notamment disposer d'un revenu au moins équivalent à 150 journées de travail. Cette condition de cens fait que le recrutement ne s'effectue pas dans le peuple. En 1791, on y retrouve essentiellement des membres issus de la « classe moyenne » et qui appartiennent, en grande partie, à la catégorie des propriétaires terriens. Sous la Convention (1793), les jurés sont choisis dans toute la population mâle par des agents nommés. Enfin, sous le Directoire (1795), les jurys sont choisis parmi une population aisée désignée au préalable par des agents élus[11]. Mais, quelques années seulement après leur installation, l'activité des nouveaux jurés ne semble plus donner réelle satisfaction...

B. ... REMIS EN CAUSE PAR LA PRATIQUE

Dès le mois de juillet 1792, le ministre de la Justice, Monsieur de Joly, se plaint dans un compte-rendu adressé à l'Assemblée nationale « de la nullité des moyens de répression[12] » issus de la loi des 16-21 septembre 1791. Puis, en février 1793, la Convention nationale commence à recevoir de nombreuses plaintes concernant le fonctionnement des jurys populaires. Enfin, sous le Directoire, c'est au tour des ministères de la Justice et de l'Intérieur d'être régulièrement sollicités par les juges siégeant au milieu des jurés. Excédés par le nombre croissant d'acquittements, ces magistrats n'entendent plus dissimuler leur mécontentement et affichent ouvertement leur mépris à l'égard de ces novices de la justice, comme le confirme un courrier particulièrement explicite de l'un d'entre eux siégeant en 1795 : « La plupart des jurés sont des hommes d'une ignorance crasse qui n'ont pas de motifs clairs de l'objet de leurs fonctions. Il leur manque l'intelligence nécessaire pour connaître le mérite des pièces et des dispositions des témoins[13]... »

Depuis leur création, cette thématique portant sur *l'incompétence*, vraie ou supposée, des jurés, s'avère particulièrement récurrente. En réalité, cette critique semble exagérée. À la fin du XVIIIe siècle, le taux d'alphabétisme en

---

risque de conférer « aux hommes de loi » une influence déterminante sur des jurés profanes et en grande partie illettrés.

10. B. Garnot, *Histoire des juges en France de l'Ancien régime à nos jours*, Paris, Nouveau Monde Éditions, 2014, p. 282 : « C'est la révolution qui porte à son sommet, mais de manière éphémère, ce désir d'une justice sans professionnels, tant pour simplifier et raccourcir les procès que par crainte d'un pouvoir judiciaire trop fort. »

11. Sur cette question de la composition du jury criminel sur toute la période de la Révolution française, v. B. Schnapper, « Le jury français aux XIXe et XXe siècles », in *The Trial Jury in England, France, Germany (1700-1900). Comparative Studies in Continental and Anglo-American Legal History*, 1987, p. 170.

12. A.N., D.III 371, *Compte-rendu à l'assemblée nationale, le lundy neuf juillet 1792 par M. de Joly Ministre de la Justice.*

13. R. Allen, *Tribunaux criminels sous la Révolution et l'Empire*, Rennes, PUR, 2005, p. 318.

France est évalué à environ 37 %[14]. La lecture des différents fonds d'archives départementaux montre que la très grande majorité des jurés est capable d'écrire leur propre nom.

À l'inverse, il est vrai que les jurys populaires semblent enclins durant les premières années de leur création à une certaine *clémence.* Cette tendance est confirmée par les nombreuses études locales consacrées à l'activité des tribunaux criminels sous la Révolution. À leur lecture, il s'avère que les taux d'acquittement peuvent varier de 30 % dans le département de l'Hérault jusqu'à atteindre 67 % dans celui de l'Aisne[15]! En réalité, cette mansuétude, jugée excessive par certains, trouve ses origines dans deux raisons majeures.

En premier, les acquittements rendus par les tribunaux sont en partie le résultat d'une réaction des jurés face à *la rigidité excessive du Code pénal de 1791.* La certitude d'une peine jugée trop sévère, sans circonstances atténuantes, les empêche souvent de prononcer la condamnation d'un prévenu. Or, à l'époque, les jurés entendent déjà réagir, non seulement sur le crime lui-même, mais aussi sur le caractère et la personnalité du mis en cause. Les acquittements et les requalifications de crimes en simples délits permettent donc d'atténuer les effets de l'égalitarisme pénal contenu dans le Code pénal de 1791.

Les jurés ont également résisté à l'application de lois adoptées ultérieurement pour *réprimer des délits politiques ou des atteintes à l'ordre public.* Sous la « Terreur », plusieurs jurys innocentent ainsi les trois quarts des accusés de « propos inciviques », d'écrits séditieux ou de recrutement pour les armées ennemies. Avec la radicalisation de la Révolution, le jury de jugement entrave donc les tentatives du gouvernement révolutionnaire pour réprimer les diverses formes d'opposition présumée et se montre, très souvent, en désaccord avec les peines prévues pour certains crimes.

En 1799, le ministre de l'Intérieur, François de Neufchâteau, entérine dans deux circulaires (16 pluviôse et 28 thermidor an VII) l'échec patent des jurys populaires. Ce dernier n'hésite pas à stigmatiser les jurés rendus coupables, selon lui, de tous les désordres et de la montée de la criminalité en France. Exprimées au plus haut niveau de l'État, ces remarques récurrentes amènent finalement sous le Directoire à un renforcement plus systématique de la répression. Face à la multiplication des actes de brigandages sur tout le territoire, le gouvernement a recours tout d'abord aux tribunaux militaires pour s'assurer de la condamnation des bandits de grand chemin. Puis, dans un second temps, les règles en matière de verdict au sein du tribunal criminel sont révisées. Afin d'éviter un trop fort taux d'acquittement, le nombre de jurés requis pour le prononcer est désormais augmenté.

---

14. C. Jones, *The Longman Companion to the French Revolution*, Londres, Routledge, 1990, p. 295-296.
15. A. Combier, *La justice criminelle à Laon pendant la Révolution, 1789-1800*, Paris, H. Champion, 1882, 2 tomes ; J. Vercier, *La justice criminelle dans le département de l'Hérault pendant la Révolution, 1789-1800*, Montpellier, Impr. Causse, Graille et Castelnau, 1925, p. 248.

Après le coup d'État du 18 brumaire an VIII, Napoléon Bonaparte, soucieux d'exercer un certain contrôle sur la population, opte pour une solution plus radicale : celle de renforcer le rôle des juges au sein des futures cours d'assises.

II. LA MUTATION DU JURY CRIMINEL SOUS LE RÉGIME NAPOLÉONIEN

Malgré quelques modifications faites à la marge sous le Directoire, les critiques portées à l'encontre des jurys populaires ne cessent pas pour autant sous le régime suivant (A) et aboutissent finalement à la création de nos actuelles cours d'assises (B).

A. UNE PREMIÈRE CONTROVERSE DOCTRINALE...

Sous le Consulat et l'Empire, les reproches ne cessent de s'intensifier à l'encontre des jurys criminels. Comme sous la Révolution française, les thématiques restent les mêmes. En premier, on attribue le taux d'acquittement élevé à *l'ignorance et l'illettrisme des jurés.* Plus précisément, les plaintes du nouveau régime se portent, en particulier, sur une population : les habitants de la campagne. Dans plusieurs départements, les juges ne cessent de remonter à leur ministre de tutelle leurs mécontentements concernant l'attitude des villageois présents au sein des jurys d'accusation et de jugement. À Bordeaux, par exemple, les remontrances sont telles que le garde des Sceaux, en 1806, ordonne au préfet de limiter au maximum le nombre de villageois au sein des listes prévues pour les jurys criminels[16].

En second, les acquittements sont également qualifiés par certains de « scandaleux » lorsque les accusés réussissent, grâce aux votes des jurés, à échapper aux poursuites judiciaires pour des faits portant atteinte *à l'autorité de l'État.* À l'instar de la période révolutionnaire, ce type de reproches ne cesse de s'intensifier sous le régime napoléonien. À Nîmes, l'expérience des magistrats les amène ainsi à déclarer qu'il est, en réalité, impossible de maintenir l'ordre social avec les jurys. À Nevers, le président du tribunal criminel, pourtant acquis aux idées révolutionnaires et à la loi des 16-21 septembre 1791, constate avec regret « que les jurés ont souvent et très souvent, acquitté des coupables et de grands coupables[17] ». Loin d'être unanimes, ces réflexions reflètent pourtant le sentiment d'une partie des magistrats qui n'hésite pas à condamner l'institution du jury comme étant « trop vicieuse

16. A.N., BB 18361, lettre du 31 déc. 1806 du ministre de la Justice au préfet de la Gironde. Réponse de ce dernier le 9 janv. 1807.
17. A.N., AD III 56, *Observations des tribunaux criminels sur le projet de Code criminel*, an XIII.

dans la pratique[18] ». Dans l'un de ses comptes-rendus adressés au gouvernement consulaire, les conclusions du garde des Sceaux Regnier s'avèrent alors extrêmement claires : le système répressif créé sous la Révolution française ne fonctionne pas et doit être réformé[19].

Entre 1805 et 1808, un long débat s'instaure donc au Conseil d'État en la présence de Napoléon Bonaparte. Avec une question majeure : doit-on conserver ou non les jurés populaires issus de la Révolution française? En amont, les cours d'appel sont bien évidemment consultées. En majorité, celles-ci se montrent particulièrement hostiles à leur maintien[20] en rappelant, pêle-mêle, leur ignorance, la répugnance des citoyens à venir siéger, la difficulté à composer les listes, et surtout, les qualités supérieures d'une procédure écrite incompatibles avec le jury. Fort d'un tel constat, le souhait de certains conseillers est de revenir au système d'Ancien Régime tout en y faisant disparaître les abus les plus flagrants.

Dans le même temps, d'autres conseillers d'État se montent ouvertement très attachés au maintien du jury populaire, que ce soit dans sa phase d'accusation ou de jugement. Pour eux, la nation est désormais acculturée à cette institution. Elle symbolise pour les Français la protection du justiciable contre toute dérive arbitraire. Pour preuve, l'implication des jurés a été majeure durant les heures les plus sombres de la Révolution. À leurs yeux, il n'est donc plus possible de revenir en arrière en laissant entre les mains d'un seul magistrat le droit de vie ou de mort sur les citoyens. À l'écoute des différents arguments, l'empereur doit finalement trancher entre deux conceptions qui s'avèrent bien différentes.

B. ... À L'ORIGINE DE L'AVÈNEMENT DES COURS D'ASSISES

En 1808, l'adoption du Code d'instruction criminelle supprime finalement le jury d'accusation. Ce dernier est remplacé par une chambre d'accusation[21] au sein de la cour d'appel composée de trois magistrats professionnels. Il revient à ces derniers de décider du renvoi ou non de l'accusé par-devant une cour d'assises. Dans cette dernière, un jury de jugement est néanmoins maintenu. Mais il subit certains changements dans sa composition. Son nombre est désormais fixé à douze membres. Une majorité de 8 voix sur 12 doit être établie pour prononcer une condamnation. La dénomination « cour d'assises »

18. Ce sont les termes exacts utilisés par les magistrats d'Aix et de Nancy (A.N., AD III 55), mais aussi ceux de Dordogne, de l'Orne et de Haute-Vienne (A.N., AD III 56).

19. Archives nationales, AD III 55, *Compte rendu au gouvernement [...] par le grand-juge ministre de la Justice*, an XII.

20. Contre (12), pour (5), ne se prononcent pas (5). Sur le débat concernant l'avenir du système des jurés sous le régime napoléonien, v. A. Esmein, *Histoire de la procédure criminelle en France et spécialement de la procédure inquisitoire, depuis le XIIIe siècle jusqu'à nos jours*, Paris, Larose et Forcel, 1882, p. 481-526.

21. De nos jours, il s'agit d'une chambre d'instruction.

met déjà l'accent sur le rôle désormais majeur joué par les magistrats. Comme l'indique l'exposé des motifs du Conseil d'État, cette image renvoie à une pratique d'Ancien Régime plus connue sous le nom de « Grands jours ». Avant 1789, il s'agissait de sessions extraordinaires, tenues par les parlements en dehors de leur siège ordinaire dans des villes, pour offrir une justice plus accessible aux sujets.

En dépit des critiques cumulées de la magistrature et du Conseil d'État, Napoléon Ier se résigne donc à conserver le jury de jugement[22]. En décidant de maintenir l'oralité et la publicité des débats devant la cour d'assises, l'empereur fait perdurer l'idée auprès des citoyens que l'institution incarne toujours la double exigence démocratique défendue sous la Révolution française : la protection de la société contre les criminels et le respect des libertés individuelles[23]. Mais en réalité, ces nouveaux jurés voient leurs compétences diminuer dans la pratique. Dorénavant rédigé par trois magistrats professionnels, l'acte d'accusation restreint considérablement leur rôle en indiquant à l'avance les questions à débattre en cour d'assises. Sous le régime napoléonien, le gouvernement leur ôte aussi certaines affaires (comme le vol) pour les faire directement juger par les tribunaux correctionnels. Enfin, à l'instar des pratiques du Directoire (1795-1799), des tribunaux spéciaux voient le jour pour certains crimes tels que le brigandage.

À l'égard des citoyens, le principe du jury de jugement est donc conservé, mais reste toutefois encadré. Pour les crimes de droit commun, le recours aux cours d'assises devient donc une règle générale. Mais la composition et les attributions du jury vont, en revanche, continuer à profondément évoluer aux XIXe et XXe siècles.

III. LE JURY CRIMINEL FACE À DE NOUVEAUX ENJEUX (XIXe-XXe SIÈCLES)

Dès l'origine de sa création, les différents gouvernements semblent donc exprimer, tour à tour, une certaine méfiance à l'égard du jury criminel. Aux XIXe et XXe siècles, l'histoire de ce dernier s'oriente désormais vers deux nouvelles directions : d'un côté, une collaboration plus accrue entre les magistrats et les jurés (A), et, de l'autre, une démocratisation progressive des jurys dans leur composition (B).

22. Sur le débat concernant l'avenir du système des jurés sous le régime napoléonien, voir la bibliographie suivante : A. Esmein, *Histoire de la procédure criminelle en France et spécialement de la procédure inquisitoire, depuis le XIIIe siècle jusqu'à nos jours*, *op. cit.*, p. 481-526 ; R. Martinage, « Du tribunal criminel à la cour d'assises », in *La cour d'assises. Bilan d'un héritage démocratique*, 1985, p. 34-37, etc.

23. J.-P. Royer (dir.), *Histoire de la justice en France*, Paris, PUF, coll. « Droit fondamental », 2016, p. 442.

A. L'AVÈNEMENT D'UNE PLEINE COLLABORATION ENTRE MAGISTRATS ET JURÉS

Sous Napoléon Ier, le Code d'instruction criminelle de 1808 s'inscrit toujours dans la continuité du « modèle anglais » en séparant, au sein de la cour d'assises, la question de la culpabilité (confiée aux jurés) de celle de la peine (confiée aux juges professionnels)[24]. Avec le temps, les régimes successifs vont tenter de faire évoluer cette situation pour permettre une réelle association entre citoyens et juges professionnels.

Une première mesure voit le jour sous la Restauration. Par une *loi du 25 juin 1824*, il est désormais confié aux trois juges professionnels le soin d'accorder ou non d'éventuelles circonstances atténuantes. Cette première réforme naît d'un constat récurrent : les jurés ont tendance à nier la culpabilité d'un accusé, notamment dans certaines affaires sensibles (comme les infanticides), pour empêcher les juges de prononcer une peine trop sévère et déshumanisée. En accordant ce nouveau pouvoir aux magistrats, le législateur espère indirectement amener les jurés à reconnaître plus souvent la culpabilité d'un mis en cause.

Puis, par une *loi du 28 avril 1832*, le gouvernement royal de Louis-Philippe d'Orléans reconnaît ensuite au jury le droit d'accorder à l'accusé le bénéfice des circonstances atténuantes. Grâce à cette nouvelle mesure, les jurés peuvent désormais se permettre de voter la culpabilité tout en évitant la peine de mort à l'accusé[25]. Avec cette réforme, force est de constater que le taux d'acquittements dans les cours d'assises à compter de cette date commence à diminuer.

En réalité, il faut attendre la *loi du 5 mars 1932* pour associer pleinement les citoyens aux questions de droit. À cette date, on assiste véritablement au début d'une collaboration avec les magistrats. Après avoir statué seul sur le fait, le jury se joint ensuite à la cour pour délibérer sur la peine. Dans cette nouvelle réforme, la place du jury s'avère donc renforcée par rapport à celle des juges. Mais, très rapidement, les autorités publiques s'inquiètent à nouveau de la trop grande mansuétude exprimée par les jurés. Dans l'un de ses ouvrages resté célèbre, *Souvenirs de la cour d'assises*, André Gide met notamment en exergue les hésitations de ces derniers face à l'exercice de ce nouveau pouvoir. L'écrivain relate ainsi une affaire dans laquelle un dénommé Charles se voit refuser les circonstances atténuantes pour un meurtre, ce

24. À noter qu'il existe déjà une « entorse » à cette séparation stricte dans le code napoléonien par l'intermédiaire du « résumé de l'affaire » fait par le président de la cour d'assises à l'attention des jurés. Réalisée à l'issue des débats et avant l'entrée en chambre de délibération, cette intervention est parfois à l'origine de nombreux dérapages. À l'époque, plusieurs présidents semblent en effet profiter de cette occasion pour réaliser de véritables réquisitoires et influencer indirectement les membres de la cour d'assises.

25. J. Pradel, « Le jury en France. Une histoire jamais terminée », *RID pén.* 2001. 175-179 : « *les jurés votent la culpabilité et évitent la peine de mort tout à la fois* ».

qui entraîne sa condamnation aux travaux forcés à perpétué : « Sitôt après, consternés du résultat du vote, les jurés s'assemblaient à nouveau et précipités dans l'autre excès, signaient un recours en grâce à l'unanimité[26]. »

Puis, *le 25 novembre 1941*, le régime de Vichy valide le principe selon lequel les magistrats sont désormais associés à la décision sur la culpabilité[27]. Que ce soit sur le fait ou le droit, les juges et jurés statuent désormais ensemble dans un collège unique. Mais, en réalité, cette nouvelle loi va beaucoup plus loin : le nombre de jurés passe de 9 à 6. Dans ce nouveau système, les magistrats (au nombre de 3) peuvent donc grâce à leur vote homogène imposer à la majorité du jury un vote contraire à sa volonté à la majorité simple. Dès 1942, cette réforme entre vite dans les mœurs et produit des résultats rapides. En un an à peine, les taux d'acquittement des cours d'assises passent de 22 % à seulement 8 % !

Outre cette recherche d'un équilibre des pouvoirs au sein de la cour d'assises, les différents régimes successifs ne vont cesser de s'interroger sur le système à mettre en place pour la désignation des jurés.

B. VERS UNE DÉMOCRATISATION PROGRESSIVE DES JURYS CRIMINELS

Parmi les grandes mutations imposées à cette institution, la question de la sélection des citoyens reste perpétuellement débattue. Durant les XIXe et XXe siècles, les pouvoirs publics craignent encore que l'avènement d'un jury « trop populaire » puisse remettre en cause l'ordre établi[28].

Il faut attendre une *loi du 7 août 1848* pour voir ces conditions changées avec l'avènement de la IIe République[29]. Depuis l'instauration du suffrage universel masculin, leur recrutement est, en théorie, ouvert à tous les électeurs sans condition de cens possible. À cette date, on transfère aux maires l'essentiel du pouvoir de décision. Il leur appartient de dresser une liste générale parmi les électeurs. Une commission cantonale, composée de maires, de conseillers municipaux et généraux, se charge ensuite d'opérer une sélection

---

26. A. Gide, *Souvenirs de la cour d'assises*, Paris, Gallimard, coll. « Folio », 2009, p. 128.

27. À la Libération, cette loi est ensuite validée par une ordonnance du 20 avr. 1945. Puis, le système de l'association est finalement repris dans le Code de procédure pénale de 1959 : « Article 356 : la cour et le jury délibèrent, puis votent par bulletins écrits et par scrutins distincts et successifs, sur le fait d'abord et, s'il y a lieu, sur chacune des circonstances aggravantes, sur les questions subsidiaires et sur chacun des faits constituant une cause légale d'exception ou de diminution de peine. »

28. Y. Sintomer, *Le pouvoir au peuple. Jurys citoyens, tirage au sort et démocratie participative*, Paris, La Découverte, coll. « Cahiers libres », 2007, p. 176 : « L'institution des jurys fait l'objet d'une lutte au XIXe siècle entre les notables conservateurs, qui les traitèrent comme un avatar d'une justice populaire honnie depuis la Terreur [...] et la gauche qui prit résolument la défense de l'institution des jurys et milita pour leur extension et leur démocratisation. »

29. Après la Révolution de 1848, le gouvernement républicain rétablit une majorité de plus de 8 voix pour statuer sur la culpabilité. Mais, sous le Second Empire, le gouvernement de Napoléon III décide de revenir à une majorité simple.

sur cette liste. Les noms des jurés sont ensuite tirés au sort. En réalité, les pouvoirs publics s'avèrent encore très méfiants quant à la capacité de tous les citoyens à juger de manière équitable et juste. Par conséquent, les jurys ne sont pas encore dans leur composition véritablement « populaires » puisque l'on y retrouve pour l'essentiel des notables relativement fortunés.

Le Second Empire revient dans une large mesure sur ce dispositif. La *loi du 10 juin 1853* confie le recrutement à des agents nommés par le pouvoir central. Une commission cantonale (composée de maires présidés par un juge de paix) soumet à une commission d'arrondissement (présidée par le préfet) une liste de noms pour composer les différents jurys. Dans un tel système, le pouvoir central a donc encore tendance à choisir des jurés appartenant à des classes sociales favorisées.

Après la défaite de 1870 et l'avènement de la IIIe République, le jury connaît plusieurs réformes successives. Attachés aux valeurs de la Révolution française, les républicains entendent faire de cette institution le véritable reflet de la composition sociale de la Nation. Mais les juristes craignent encore de confier les jugements criminels à des citoyens sans compétence juridique. Une *loi du 21 novembre 1872* vient ainsi préciser que les jurés doivent non seulement jouir de leurs droits civiques, mais également être âgés d'au moins 30 ans. Afin d'exclure les analphabètes, les mendiants et les domestiques, l'obligation de savoir lire et écrire devient aussi une condition *sine qua non*. Le texte dispense également les personnes vivant de leur travail quotidien de l'obligation de siéger. Indirectement, cette mesure vise tout simplement à exclure les ouvriers.

Par la suite, il faut attendre les réformes successives du *19 mars 1907* et du *19 juillet 1908* pour véritablement « démocratiser » les cours d'assises. Grâce à ces deux nouvelles lois, il est désormais prévu une indemnité de séjour pour permettre aux travailleurs manuels et journaliers d'accéder enfin aux cours d'assises. À l'époque, le ministre de la Justice, Aristide Briand, se voit même dans l'obligation de rappeler dans son projet de loi : « qu'il convient d'inscrire sur les listes de tels citoyens afin que le jury représente enfin une justice véritablement populaire[30] ».

La IIIe République finalise cette évolution démocratique le *13 février 1932*. Si, dans cette dernière réforme, les républicains entendent toujours exclure les citoyens qui ne savent ni lire ni écrire, l'accès aux cours d'assises est désormais accordé à tous les domestiques ou serviteurs à gage. Par la suite, le régime de Vichy vient un temps remettre en cause la légalité républicaine en excluant les Juifs et les citoyens issus de parents étrangers. Il faudra attendre la Libération de la France en 1944 pour que les femmes, devenues enfin électrices, puissent accéder au statut de jurés.

---

30. A. Briand, *Projet de loi ayant pour objet d'allouer une indemnité aux membres du jury criminel qui n'ont pas droit à l'indemnité de séjour établie par la loi du 19 mars 1907*, Paris, éd. P. Mouillot, 27 mars 1908, p. 3.

Créé le 16 septembre 1791 sous le nom de tribunal criminel départemental, le jury populaire en France a donc connu durant 150 ans de nombreuses réformes, que ce soit dans sa formation ou ses attributions. De nos jours, en supprimant les jurés au profit de magistrats pour des crimes passibles de moins de 20 ans de prison, la loi « pour la confiance dans l'institution judiciaire », présentée par le garde des Sceaux, vise dans ses attendus à réduire les coûts et les temps de traitement des procès. Outre ces questions pratiques, cette réforme interroge surtout sur le plan éthique. De nos jours, les cours d'assises restent l'une des dernières possibilités pour les citoyens d'être impliqués directement dans l'application de la loi. C'est également le moment pour eux de prendre conscience des contraintes et des difficultés liées à l'acte de juger.

La nécessité et l'urgence d'une telle réforme pose également question à la lecture du nombre de procès traités de nos jours par les cours d'assises. Dès le XIXe siècle, l'introduction des jurés a eu pour conséquence la « correctionnalisation » de certaines affaires (vols, violences, braquages, bigamie, avortement, etc.) pour éviter ainsi les soi-disant « acquittements scandaleux » des jurés. Cette pratique subsiste encore de nos jours. Mais les arguments ne sont plus de même nature. Surchargées de procès, les cours d'assises n'auraient plus, ni le temps, ni les moyens humains et financiers, pour rendre justice. Or, depuis sa création, le rôle du jury criminel a considérablement décliné au profit des tribunaux correctionnels. À la lecture des travaux des historiens, le nombre de personnes jugées en cours d'assises n'a, en effet, cessé de diminuer avec le temps : 7 506 personnes en 1831, 1 275 en 1948, 1 015 en 1960 pour remonter à la fin du XXe siècle à 3 000 accusés par an[31]. Symbole d'une justice rendue par le peuple, les cours d'assises occupent paradoxalement de nos jours une moindre place dans la justice par rapport à la première moitié du XIXe siècle, époque où la population française s'avérait pourtant deux fois moins élevée qu'aujourd'hui !

---

31. B. Garnot, *Histoire des juges en France de l'Ancien régime à nos jours*, *op. cit.*, 396 p. Du même auteur, *La peine de mort en France du Moyen Âge à 1981*, *op. cit.*, p. 272.

L'effacement moderne du jury populaire : une régression antidémocratique

DIMMY ALTIMO
Doctorant en droit privé et sciences criminelles à l'Université Paris 8

La naissance du jury populaire dans la société française ne date pas d'aujourd'hui : elle est le fruit de la Révolution française. En 1789, les révolutionnaires avaient décidé de tourner le dos au régime juridique monarchique dans lequel la justice était rendue au nom du roi, pour épouser un autre régime, celui où le peuple est aux premières loges, où la justice est rendue par le peuple et pour le peuple. Cette justice démocratique est caractérisée par la participation du peuple au jugement des crimes. Ce dernier cesse d'être spectateur pour devenir acteur dans sa propre justice. Les juristes de l'époque parlaient d'une justice par ses pairs, qui sauront faire usage de leur *bon sens citoyen*. Cette expression renvoie à l'idée selon laquelle nul n'est obligé d'être un spécialiste du droit pour rendre un verdict, le juré trouvant sa légitimité dans son humanité.

Pour autant, l'institution du jury en France n'a jamais fait l'unanimité. Depuis sa création, elle fait l'objet de nombreuses évolutions qui, au lieu de la promouvoir, tendent à la banaliser (II) voire à l'anéantir lentement (I).

I. LA MORT LENTE DE L'INSTITUTION DU JURY POPULAIRE

Le processus d'anéantissement du jury populaire passe par la réduction de son importance dans les affaires judiciaires en réduisant dans un premier temps le nombre de jurés représentant le peuple (A) et dans un second temps son champ de compétence (B).

A. LA RÉDUCTION DU NOMBRE DES JURÉS D'ASSISES

L'histoire de la composition du jury criminel, et tout particulièrement du nombre de jurés, mérite d'être étudiée. Lors de son importation en France en 1791, le jury était composé de douze citoyens de sexe masculin qui décidaient seuls de la culpabilité de l'accusé, tandis que des juges fixaient la peine[1]. Ce chiffre douze, reproduction du modèle anglais ayant inspiré les révolutionnaires, n'est pas sans importance : il constitue un symbole d'unité, de solidarité et d'harmonie, incarnant l'idée selon laquelle le jury serait une protection des citoyens contre l'arbitraire des juges[2].

Pendant 150 ans, ce nombre de jurés resta constant, en dépit des changements de régimes et des nombreuses évolutions législatives qui affectèrent le mode de désignation des jurés et leur champ de compétence[3]. Cette admirable constance pris brutalement fin sous le régime autoritaire de Vichy. Par la loi du 25 novembre 1941, le gouvernement de Vichy a fixé le nombre de jurés à six et a mis en place « le système de l'échevinage, un mélange composé du peuple et de magistrats professionnels à une époque où la liberté des magistrats était compromise[4] », « où la magistrature était compromise et impuissante, où les décisions de justice étaient contrôlées voire même dictées à l'avance[5] ». La stratégie de Vichy de réduire le nombre de jurés en le faisant passer de douze à six et en y intégrant des magistrats contrôlés n'avait pour autre objectif que d'influencer les verdicts dans le sens de la sévérité[6]. Ainsi, depuis 1941, jurés et magistrats doivent décider ensemble de la culpabilité et de la peine, les jurés n'ayant plus aucune compétence propre. Si le nombre de jurés fut rehaussé à sept à la Libération[7], puis à neuf avec le Code de procédure pénale de 1958[8], plus jamais en France les jurés ne seront douze pour juger les crimes en première instance.

---

1. Décret des 16 et 29 sept. 1791 créant le tribunal criminel départemental.
2. L'*Encyclopédie* décrit le jury comme un « auguste privilège » par lequel le Peuple se met « hors du danger d'être opprimé » : Diderot et d'Alembert, *Encyclopédie ou dictionnaire raisonné des sciences, des arts et des métiers*, t. XI, 1762, V° « Pairs », p. 765-767.
3. B. Schnapper, « Le jury français aux XIXe et XXe siècles », *in* A. P. Schioppa (dir.), *The Trial in England, France, Germany. 1700-1900. Comparative Studies in Continental and Anglo-American Legal History*, Max-Planck-Institut, Francfort, 1987, p. 167.
4. B. Fiorini, « Le jury populaire, vecteur de confiance dans la justice criminelle », *AJ pénal* 2021. 183.
5. A. Bancaud, « La magistrature et la répression politique de Vichy ou l'histoire d'un demi-échec », *Droit et Société* 1996, n° 34, p. 557.
6. Ce fut un succès, puisqu'après une seule année d'application, le taux d'acquittement passa de 21,7 % à seulement 8 % : B. Aubusson de Cavarlay, M.-S. Huré et M.-L. Pottier, « La justice pénale en France. Résultats statistiques (1934-1952) », *Les Cahiers de l'Institut d'histoire du temps présent* 1993, n° 23, p. 47.
7. Ordonnance n° 45-764 du 20 avr. 1945 sur les cours d'assises.
8. Ordonnance n° 58-1296 du 23 déc. 1958 modifiant et complétant le Code de procédure pénale.

Cette composition du jury d'assises formée de neuf jurés a longtemps persisté jusqu'à l'entrée en vigueur de la loi n° 2011-939 du 10 août 2011 sur la participation des citoyens au fonctionnement de la justice pénale et le jugement des mineurs. Cette nouvelle loi a une fois de plus modifié la composition du jury en fixant le nombre de jurés à six en première instance et à neuf en appel.

Si par leur nombre, les citoyens-jurés demeurèrent toujours majoritaires dans la composition de la cour d'assises par rapport aux magistrats, force est de constater que les législations successives, en diminuant leur nombre, ont fait reculer l'influence des jurés sur les verdicts tout en augmentant celle des magistrats. Ceci est d'autant plus vrai que la réduction du nombre de jurés se double d'une réduction progressive de leur champ d'intervention.

B. LA RÉDUCTION DU CHAMP D'INTERVENTION DU JURY POPULAIRE

À l'origine, le jury populaire, représentant du peuple dans la justice pénale, était compétent pour connaitre la quasi-totalité des affaires criminelles. Cependant, les évolutions successives mises en œuvre par le législateur et les juges ont restreint de façon humiliante et anti-démocratique son champ d'intervention. Outre la correctionnalisation, les mécanismes de restriction utilisés sont la création des cours d'assises spécialement composées (1) et, plus récemment, la création des cours criminelles départementales (2).

1. Création de cours d'assises spécialement composées

En 1961, le général de Gaulle avait instauré un tribunal militaire spécial siégeant à Paris et qui avait eu pour mission « de juger les auteurs et complices des crimes et délits contre la sûreté de l'État et contre la discipline des armées, ainsi que des infractions connexes, commis en relation avec la guerre d'Algérie, notamment l'OAS, s'ils ne sont déférés au Haut tribunal militaire qui avait pour compétence de juger les têtes de rébellion[9] ». Une ordonnance du 1er juin 1962 a remplacé le Haut tribunal militaire par la cour militaire. Tous ces tribunaux et cours avaient été créés dans un contexte de guerre pour réprimer les ennemis de la Nation française. Toutefois, ils ont fini par disparaître pour être remplacés par la cour de sûreté de l'État créée par la loi du 15 juin 1963 et chargée de connaître « les crimes et délits portant atteinte à la sûreté intérieure et extérieure de l'État (espionnage, constitution de bandes armées, terrorisme, activités subversives...) ou portant atteinte à la discipline des armées[10] ». Elle était composée de trois magistrats et deux officiers généraux ou supérieurs.

9. V. Delaporte, « Aux origines de la Cour de sûreté de l'État. La conquête d'un pouvoir de punir par l'exécutif (1960-1963) », *Vingtième Siècle. Revue d'histoire* 2018, vol. 140, n° 4, p. 137-152.
10. V. Codaccioni, « Dans l'ombre de la Cour de sûreté de l'État », *Délibérée* 2017, vol. 2, p. 36-40.

Vivement critiquée par François Mitterrand, la Cour de sûreté de l'État fut supprimée dès son arrivée au pouvoir en 1981. Quelques années plus tard, par le truchement de la loi n° 86-1200 du 9 septembre 1986, une cour d'assises spécialement composée de cinq magistrats professionnels était créée pour juger les infractions terroristes, par crainte des représailles que pourraient subir les jurés[11]. Six ans plus tard, par la loi n° 92-1336 du 16 décembre 1992, le législateur a confié le jugement des infractions liées aux trafics de stupéfiants à la cour d'assises spécialisée. Et enfin, par la loi n° 2011-266 du 14 mars 2011, la compétence de la cour d'assises spécialement composée est étendue au jugement des crimes relatifs à la prolifération d'armes de destruction massive et de leurs vecteurs.

La compétence des cours d'assises spécialisées ne cesse de s'étendre, au détriment du jury populaire. L'apparition des cours criminelles départementales constitue l'apogée de cette évolution.

2. La création des cours criminelles départementales

En 2019, la loi n° 2019-222 du 23 mars 2019 a créé, à titre expérimental, les cours criminelles départementales chargées de juger les crimes punis jusqu'à vingt ans de réclusion criminelle dans sept départements – chiffre qui sera élevé à quinze en cours d'expérimentation, qui devait initialement durer trois ans. Toutefois, sans attendre la fin de l'expérimentation, la loi n° 2021-1729 dite pour la confiance dans l'institution judiciaire a généralisé le dispositif, sous l'impulsion du garde des Sceaux Éric Dupond-Moretti – ce qui ne manque pas de saveur, ce dernier ayant publiquement déploré le recul démocratique qu'incarnaient les cours criminelles départementales du temps où il était avocat. Désormais les crimes punis de quinze à vingt ans de réclusion criminelle, dès lors qu'ils sont reprochés à des personnes majeures non-récidivistes, ne relèvent plus de la compétence de la cour d'assises mais de celle de la cour criminelle départementale composée de cinq juges professionnels.

Les principaux buts de cette réforme sont ceux de la rationalité budgétaire et de la gestion des flux[12]. Il s'agit d'une justice économiquement pensée, d'une justice d'optimisation de temps et de coût au détriment de la valeur démocratique dont elle est porteuse. La cour criminelle a été créée pour permettre à l'État de faire de l'économie de temps, d'argent et de ressources humaines. Toutefois, le rapport du comité de suivi et d'évaluation de cette cour[13], rendu en octobre 2022, a montré que les objectifs visés sont loin d'être atteints : plus d'appels interjetés (23 % pour les cours criminelles

---

11. R. Kempf, « Les cours criminelles départementales sont des atteintes au principe de participation du peuple à l'œuvre de justice », *Le Monde* 9 févr. 2023.
12. B. Fiorini, « Le jury populaire, vecteur de confiance dans la justice criminelle », préc.
13. Rapport du comité de suivi et d'évaluation de la cour criminelle départementale, ministère de la Justice, oct. 2022.

contre 17 % aux assises pour des affaires comparables), plus de ressources humaines mobilisées et mobilisables, plus de dépenses à financer (nombre de magistrats et de greffiers, salles d'audience), surcharge de travail, et un délai audiencement difficilement tenable[14].

Par l'apparition de ces nouvelles juridictions sans jurés, le jury populaire disparaissait dans plus de la moitié des affaires criminelles, sans qu'une réelle plus-value s'en fasse ressentir. Peu de cas était donc fait de l'effacement substantiel de cet édifice révolutionnaire, ce qui témoigne d'une forme de banalisation de ce que représente le jury criminel en France.

II. LA BANALISATION DE L'INSTITUTION DU JURY POPULAIRE

Depuis quelques années, les évolutions législatives tendent à faire du jury une simple banalité. Cette banalisation se traduit notamment par la mise en doute du verdict rendu par les jurés en exigeant sa motivation (A). Elle se traduit aussi par la possibilité ouverte à l'accusation et à la défense de contester le jugement du peuple souverain par voie d'appel (B).

A. LA BANALISATION DU JURY PAR LA MOTIVATION DU VERDICT

Dans la société américaine, le jury fait objet d'un véritable culte populaire. Dans son ouvrage intitulé *De la démocratie en Amérique*, Alexis de Tocqueville estime qu'en « forçant les hommes à s'occuper d'autre chose que de leurs propres affaires, il combat l'égoïsme individuel, qui est comme la rouille des sociétés[15] ». Il poursuit sa réflexion en déclarant que le jury devrait être envisagé « comme une école gratuite et toujours ouverte, où chaque juré vient s'instruire de ses droits [...]. Je pense qu'il faut principalement attribuer l'intelligence pratique et le bon sens politique des Américains au long usage qu'ils ont fait du jury [...]. Je le regarde comme un des moyens les plus efficaces dont puisse se servir la société pour l'éducation du peuple[16] ». Cette perception de Tocqueville laisse penser que le jury populaire devrait être analysé comme « un organe sacré qui porte tout seul, dans la culture du *Common law*, le poids de la décision censée à la fois sceller le destin des individus et exprimer les valeurs de la communauté[17] ». Le jury américain est l'expression même de la souveraineté populaire dont la voix doit être entendue sans être remise en question : *vox populi, vox dei*.

14. B. Fiorini, « Le bilan calamiteux des cours criminelles départementales. Analyse critique du dernier rapport d'évaluation », *Lexbase pénal* 2022, n° 54.
15. A. de Tocqueville, *De la démocratie en Amérique*, Pagnerre, 1848, vol. 4, p. 315.
16. *Ibid.*, p. 315 et 316.
17. A. Garapon et I. Papadopoulos, *Juger en Amérique et en France*, Odile Jacob, 2003, p. 157.

En France, les Lumières ont importé et approuvé l'institution du jury populaire pour les mêmes raisons que les pères fondateurs : en plus d'assurer le caractère équitable de la procédure au bénéfice de l'accusé, il était perçu comme un vecteur de manifestation de la vérité plus efficace que le système des preuves légales ayant prévalu sous l'Ancien Régime. Face à une justice arbitraire, le jury populaire est « un outil efficace pour parvenir à la manifestation de la vérité tout en assurant l'équité du procès[18] ». Pris de façon générale, le jury est considéré comme souverain. Étant souverain, il n'a de compte à rendre à personne. Il n'a de compte à rendre sur les détails du pourquoi de son verdict, ce qui exclut en principe pour lui la nécessité de motiver son jugement.

Pourtant, une telle exigence a fini par lui être imposée en France. Tout a commencé avec la condamnation de la Belgique par la Cour européenne des droits de l'homme (CEDH) dans l'affaire *Taxquet*[19]. En l'espèce, le requérant est accusé d'avoir assassiné un ministre d'État et attenté à la vie de son épouse. Il est condamné à 20 ans de réclusion criminelle après être reconnu coupable par le jury d'assises sans la possibilité de contester la décision par voie d'appel. Il forme un pourvoi en cassation contre l'arrêt de la cour d'assises et la Haute cour belge rejette le pourvoi du demandeur. Ce dernier saisit la CEDH en évoquant la violation du droit au procès équitable de l'article 6 § 1 de la Convention européenne des droits de l'homme. La question est de savoir si le procès était conforme à l'article 6 § 1 de la Convention en considérant que l'arrêt de condamnation de la cour d'assises était fondé sur un verdict de culpabilité non motivé, qui ne pouvait faire l'objet d'un recours devant un organe de pleine juridiction. La Cour de Strasbourg fournit une réponse sujette à interprétation qui sert de référence aux exigences de motivation faites au jury d'assises en France. Pour les juges de la Cour de Strasbourg, la Belgique a violé le droit au procès équitable garanti par l'article susmentionné de la Convention, eu égard à la formulation, trop vague et trop générale, des questions posées au jury, qui n'avait pas permis au requérant de connaître les motifs de sa condamnation.

Nulle part dans cet arrêt, la Cour ne fait mention de la motivation du verdict du jury d'assises. Au contraire, elle ne cesse de le rappeler dans ses décisions antérieures que sa jurisprudence « ne requiert pas que les jurés donnent les raisons de leur décision, l'article 6 exigeant seulement que le public et, au premier chef, l'accusé soit à même de comprendre le verdict qui a été rendu[20] ». Pour la Cour, devant le jury d'assises, l'absence de motivation du verdict de culpabilité n'est pas dérangeante. Ce que la Cour de Strasbourg exige, c'est la compréhension par l'accusé du verdict de culpabilité en vue d'écarter tout risque d'arbitraire. La Cour fournit les lignes directrices qui

18. B. Fiorini, « Le jury populaire, vecteur de confiance dans la justice criminelle », préc.
19. CEDH, gr. ch., 16 nov. 2010, *Taxquet c/ Belgique*, n° 926/05.
20. V. par ex. CEDH, gr. ch., 19 oct. 2005, *Roche c/ Royaume-Uni*, § 90.

permettraient de comprendre le verdict du jury. Pour la Cour, il convient pour le président de la cour d'assises de fournir aux jurés « des instructions ou éclaircissements quant aux problèmes juridiques posés ou aux éléments de preuve produits, ou des questions précises, non équivoques soumises au jury par ce magistrat, de nature à former une trame apte à servir de fondement au verdict ou à compenser adéquatement l'absence de motivation des réponses du jury[21] ».

Or en l'espèce, ni l'acte d'accusation ni les questions posées au jury ne comportaient des informations suffisantes quant à l'implication du requérant dans la commission des infractions qui lui étaient reprochées. Quant à l'acte d'accusation qui faisait mention des crimes reprochés à l'accusé, il ne montrait pas quels étaient les éléments qui, pour l'accusation, pouvaient être retenus contre lui. S'agissant des questions formulées et posées par le président de la cour d'assises au jury, « elles étaient laconiques et identiques pour tous les accusés. Même combinées avec l'acte d'accusation, elles ne permettaient pas au requérant de savoir quels éléments et circonstances avaient conduit les jurés à rendre à son égard un verdict de culpabilité[22] ».

Dans cet arrêt de la CEDH, il n'est pas demandé aux jurés de fournir des explications sur leur verdict car la Cour reconnaît la souveraineté de l'institution, mais plutôt aux professionnels du droit de faire un travail conséquent afin de ne pas porter atteinte au droit de la personne mise en cause par l'entremise du jury populaire. Ce qui est attendu, c'est la clarté et la précision des questions posées au jury et de l'acte d'accusation afin de faciliter la compréhension du verdict de culpabilité. Selon la Cour, « la non-motivation du verdict d'un jury populaire n'emporte pas, en soi, violation du droit de l'accusé à un procès équitable dès lors que l'accusé a pu bénéficier de garanties suffisantes de nature à écarter tout risque d'arbitraire et à lui permettre de comprendre les raisons de sa condamnation[23] ». En France, le Conseil constitutionnel avait également reconnu que l'absence de motivation explicite des arrêts d'assises n'est pas contraire à la Constitution dans la mesure où la Constitution ne confère pas à une telle obligation un caractère général et absolu[24].

Malgré ce brevet de constitutionnalité, le législateur a introduit dans le Code de procédure pénale un article 365-1 qui dispose que le président de la cour ou l'un de ses assesseurs devra motiver l'arrêt. Il s'agira d'énoncer les « principales raisons, qui pour chacun des faits reprochés à l'accusé, ont convaincu la cour d'assises[25] ». Cette disposition a été jugée conforme à la constitution.

21. CEDH, gr. ch., 16 nov. 2010, *Taxquet c/ Belgique*, n° 926/05, § 92.
22. *Ibid.*, § 97.
23. *Ibid.*, § 93.
24. Cons. const. 1er avr. 2011, n° 2011-113/115 QPC, cons. 11.
25. Loi n° 2011-939 du 10 août 2011 sur la participation des citoyens au fonctionnement de la justice pénale

Outre la motivation sur la culpabilité, la question est aussi posée sur la peine. Toutefois, à plusieurs reprises, la Haute cour nationale avait refusé d'aller sur ce terrain en arguant qu'aucune disposition législative ne l'oblige : « en l'absence d'autre disposition légale le prévoyant, la cour et le jury ne doivent pas motiver le choix de la peine qu'ils prononcent[26] ». Toutefois, le 2 mars 2018, par un revirement de jurisprudence, le Conseil constitutionnel a jugé non conforme à la constitution l'alinéa 2 de l'article 365-2 : « en n'imposant pas à la cour d'assises de motiver le choix de la peine, le législateur a méconnu les exigences tirées des articles 7, 8 et 9 de la Déclaration de 1789[27] ». Depuis lors, ces exigences constitutionnelles imposent la motivation des jugements et arrêts de condamnation, pour la culpabilité comme pour la peine.

D'aucuns considèrent que ces exigences de motivation consacrées par le Conseil constitutionnel constituent une victoire pour l'équité de procès. Reste à savoir si tel est réellement le cas, dans la mesure où cette évolution a vraisemblablement affaibli le poids du jury dans le cadre du délibéré et, par conséquent, fait reculer la légitimité démocratique des verdicts. L'ouverture de la voie d'appel contre les décisions rendues par les cours d'assises en a fait autant.

B. LA BANALISATION DU JURY PAR L'OUVERTURE DE L'APPEL CONTRE LE VERDICT

Pendant deux siècles, les décisions rendues par les jurés des cours d'assises étaient sans appel. Cela signifie que le justiciable n'avait pas la possibilité de faire examiner par une juridiction supérieure ce qu'avait décidé le jury en première instance. Autrement dit, le principe de double degré de juridiction ne s'appliquait pas en matière criminelle. Il peut paraître paradoxal d'écarter le double degré de juridiction pour les infractions les plus graves que sont les crimes alors qu'il prévaut pour les contraventions et les délits. Pourtant, ce paradoxe n'est qu'apparent : la justification de cette particularité réside dans le principe de la souveraineté populaire. La cour d'assises est une juridiction composée de jurés qui sont l'émanation du peuple et, par conséquent, il n'existe pas de juridiction dotée d'une légitimité supérieure pour remettre en cause son appréciation des faits.

En 1985, le professeur André Pouille exprimait ceci en ces termes : « Les arrêts rendus par les cours d'assises ne sont susceptibles d'aucun appel. Le principe du double degré de juridiction est écarté en matière criminelle. Ceci s'explique officiellement par le fait que la cour d'assises est une juridiction qui, par sa composition, représente la souveraineté populaire et qu'en outre, le

---

26. Crim. 8 févr. 2017, n° 15-86.914, n° 16-80.389 et n° 16-80.391 ; Crim. 11 mai 2017, n° 16-83.327 ; Crim. 28 juin 2017, n° 16-85.904.
27. Cons. const. 2 mars 2018, n° 2017-694 QPC, cons. 10.

double degré de juridiction est obligatoire au stade de l'instruction. L'existence d'un double degré de juridiction présenterait le redoutable inconvénient de voir les témoins, à la suite de certaines pressions, se rétracter. On risquerait également d'assister à des campagnes de presse entre le procès en première instance et le procès en appel pour tenter d'influencer les futurs jurés. La justice n'y gagnerait pas en sérénité[28]. »

Est-ce que cela signifie que le jury ne peut pas se tromper? Loin de là! Les jurés sont faillibles comme le sont les juges et, contrairement à ce qu'affirme la doxa, le *dogme de l'infaillibilité du jury* n'a jamais existé, pas même à la Révolution[29] : les députés de l'Assemblée nationale constituante favorables aux jurés n'ont jamais prétendu qu'il était imperméable à l'erreur[30], et d'ailleurs, des mécanismes de révision des condamnations injustes existent depuis 1793[31]. La façon dont le jury peut se tromper – ou être trompé – a été exposée lors d'un colloque organisé à Poitiers sur le thème « Le citoyen juré ». Cette réponse n'est pas différente de celle qu'a fournie la CEDH dans ses différents arrêts sur la motivation des arrêts de la cour d'assises : « On peut se tromper, on peut se tromper nous-même et on peut l'avoir fait en fonction des éléments qu'on nous a présentés[32]. » Les jurés font leur opinion et décident en fonction des explications et des preuves fournies à l'audience. Il revient aux parties, l'accusation, la défense, la partie civile, d'agir en conséquence pour que les jurés puissent décider en toute équité du sort de l'accusé. Un jury trompé est un tribunal trompé et mal éclairé. Tout cela n'a pas empêché certaines personnalités politiques d'avoir dans leur viseur le jury populaire, en tirant argument de la fragilité de ses verdicts : « trop émotif et dénué de raison, perméable à la rhétorique de la plaidoirie[33] ».

Cette campagne de dénigrement a porté ses fruits, et le législateur a décidé d'ouvrir la voie d'appel aux verdicts rendus par la cour d'assises via la loi

---

28. Rapport annuel de la Cour de cassation pour l'année 2006, La Documentation française, 2007, p. 488.

29. L'expression apparaît pourtant, hélas, sous la plume de nombreux auteurs, qu'ils soient universitaires, magistrats ou avocats. V. par exemple H. Angevin, « Mort d'un dogme. À propos de l'instauration, par la loi du 15 juin 2000, d'un second degré de juridiction en matière criminelle », *JCP* 2000. I. 260.

30. Voici le discours du député Thouret, grand défenseur du jury devant l'Assemblée nationale constituante, à ce sujet : « Je dis le moyen le plus voisin de l'infaillibilité, car les facultés humaines ne vont pas plus loin. Dans quelque système que ce soit, dès que ce sont des hommes qui vérifient des faits qui leur sont étrangers, par le témoignage d'autres hommes, il reste toujours des chances à l'erreur. Mais que doivent faire les législateurs? Établir le mode de vérification qui donne pour la découverte de la vérité le plus haut degré de probabilité. » Thouret ne dit donc pas que le jury est infaillible, mais qu'il est le système le plus sûr pour établir la vérité des faits. V. Archives parlementaires de 1787 à 1860, 1re série, t. XXII, séance du 11 janv. 1791, p. 132.

31. V. sur ce point A. Thouret et G. Fenech, *Rapport d'information n° 1598 sur la révision des condamnations pénales*, Assemblée nationale, 2013, p. 10; Archives parlementaires de 1787 à 1860, 1re série, t. LXIV, séance du 15 mai 1793, p. 690-691.

32. Plaquette de compte-rendu du colloque intitulé *Le citoyen juré d'assises*, Poitiers, imprimerie P. Oudin, 1992.

33. *Ibid.*

n° 2000-516 du 15 juin 2000 dite loi renforçant la protection de la présomption d'innocence et les droits des victimes. Grâce à cette loi, il est devenu possible à l'accusé condamné en première instance d'exercer un recours sur le fond devant une cour d'assises d'appel. Par souci de symétrie et d'égalité des armes, un recours identique a été offert par la loi n° 2002-307 du 4 mars 2002 au ministère public, qui représente l'accusation au procès, en cas de décision d'acquittement.

Cette loi fait symboliquement du jury populaire une formation juridictionnelle classique, sans légitimité particulière. Il mériterait pourtant d'être reconnu pour ce qu'il est : « une incarnation de la nation parce qu'il rend librement un jugement obéissant à la seule raison ainsi qu'au bon sens[34] », ou encore un « gage d'ouverture, de pluralisme, d'universalité[35] ».

34. A. Jellab et A. Giglio, *Des citoyens face au crime. Les jurés d'assises à l'épreuve de la justice*, Presses universitaires du Midi, 2012, p. 94.
35. B. Weachter, « Le jury criminel à l'épreuve de la souveraineté populaire », *LPA* 1996, n° 43, p. 9.

L'éviction du jury d'assises du jugement des affaires politiques et terroristes

VANESSA CODACCIONI

Professeure de science politique à l'Université Paris 8

La problématique du jury d'assises est centrale dès lors que l'on se penche sur le jugement des affaires politiques en France, c'est-à-dire des affaires d'atteinte à la sûreté de l'État et plus généralement de celles impliquant des « ennemis publics » ou des opposants. Historiquement, en effet, on observe une réticence des gouvernements ou des chefs d'État à faire juger ces derniers par les citoyens ordinaires, d'une part, pour pouvoir soumettre les juges et la justice à leur volonté répressive et faire condamner plus facilement leurs cibles, et, d'autre part et incidemment, pour éviter la supposée clémence et tolérance du jury envers les opposants ou les militants[1]. De grandes affaires ont d'ailleurs fait scandale en ce qu'elles ont abouti à des peines considérées comme beaucoup trop clémentes par les gouvernements et une partie de la population. Il en va ainsi du « procès des Trente » visant des anarchistes, et qui avait été préparé par des centaines de perquisitions, d'arrestations et le vote des « lois scélérates » instaurant en France le délit « d'association de malfaiteurs ». Ce dernier devait servir selon les mots du président du Conseil Dupuy à « purger à jamais de la bande anarchiste le territoire de la République française ». Or, ouvert le 6 août 1894 devant la cour d'assises de Paris, ce procès se termine par l'acquittement de presque tous les accusés[2]. Cette possibilité que le jury puisse acquitter les activistes a ainsi toujours été prise en compte par les gouvernements, qui ont ainsi mobilisé deux stratégies pour l'évincer du traitement judiciaire de la criminalité politique : la correctionnalisation ou la création de juridictions spéciales soumises à l'exécutif.

1. V. Codaccioni, *Répression. L'État face aux contestations politiques*, Paris, Textuel, avr. 2019, p. 17.
2. *Le Procès des Trente. Notes pour servir à l'histoire de ce temps, 1892-1894*, Éditions Antisociales, 2009, p. 6.

Bien évidemment, dans les temps ordinaires de la vie politique et judiciaire, les ennemis intérieurs ont toujours été jugés par les tribunaux de droit commun, en particulier par les tribunaux correctionnels, comme le montre le cas des membres du Parti communiste français qui est sans aucun doute le parti le plus réprimé de France jusqu'à la fin de la guerre d'Algérie[3]. Mais les procès devant les cours d'assises, s'ils existent, sont beaucoup plus rares, notamment en raison des pratiques de l'activisme oppositionnel ordinaire : manifester en dehors des normes légales (participation à une manifestation non déclarée, à un attroupement), distribuer des tracts interdits, ou même dégrader des biens ou se battre avec la police ne conduit pas aux assises. L'évitement des cours d'assises est encore plus net en temps de crise ou de guerre, puisque les affaires politiques sont jugées par des tribunaux d'exception. Citons sans exhaustivité celles qui émaillent l'histoire de la justice française : les sections spéciales, la Cour martiale de Gannat, la Cour suprême de Riom, le Tribunal d'État et les cours martiales créées sous Vichy ; les cours martiales, les cours de justice, les chambres civiques et la Haute Cour de justice instituées à la Libération ; ou encore, pendant la guerre d'Algérie, le Haut Tribunal militaire, le Tribunal militaire spécial, la Cour militaire de justice, les cours martiales d'Alger et d'Oran, et le Tribunal de l'ordre public, auquel nous pourrions rajouter les tribunaux permanents des forces armées (TPFA), compétents, depuis la loi d'État d'urgence du 3 avril 1955, en matière d'atteinte à la sûreté de l'État.

Cette partition entre temps de paix, qui donne le pouvoir de juger les ennemis intérieurs aux tribunaux ordinaires, et temps de guerre lors desquels les opposants sont traduits devant des juridictions spéciales est remise en cause à la fin de la guerre d'Algérie. La création de la Cour de sûreté de l'État, voulue par le général de Gaulle, bouleverse en effet les modalités de jugement des affaires politiques qui seront désormais jugées, tout au long de la Ve République et en temps de paix, par des juridictions d'exception spéciales, aussi dites « spécialisées » pour euphémiser leur caractère dérogatoire au droit commun.

I. L'ÉVICTION DU JURY DU JUGEMENT DES AFFAIRES POLITIQUES EN TEMPS DE PAIX

Chaque cycle de surcriminalisation de l'opposition voit apparaître en France des débats relatifs à la composition des chambres de jugement qui vont avoir à connaître des affaires politiques. L'enjeu est de taille puisqu'il s'agit de déterminer qui va juger les ennemis du pouvoir et, incidemment, participer à la répression des opposants. À la fin de la guerre d'Algérie et suite à

3. V. Codaccioni, *Punir les opposants. PCF et procès politiques (1947-1962)*, Paris, CNRS Éditions, 2013.

l'échec du général de Gaulle de créer lui-même des tribunaux militaires pour juger les membres de l'OAS[4], ce dernier entend créer une nouvelle juridiction appelée « Cour de sûreté de l'État[5] ». Ce faisant, en janvier 1963, alors que le gouvernement présente son projet de loi instaurant un tribunal permanent dans lequel siègeraient à la fois des magistrats de l'ordre judiciaire et des militaires, deux positions s'affrontent aux assemblées quant à la nature des juridictions compétentes en matière d'atteinte à la sûreté de l'État : les défenseurs des juridictions de droit commun, et de la cour d'assises en particulier, et ceux qui préconisent le recours à des juridictions spéciales. Pour justifier l'éviction du jury, le ministre de la Justice, Jean Foyer, évoque l'inadaptation des cours d'assises à juger les ennemis politiques : « Cette inadaptation est apparue encore plus grande de nos jours qu'elle ne l'était dans le passé [...] et les jurés deviennent des destinataires d'élection de menaces auxquelles ils n'ont pas toujours la force d'âme de résister[6]. » Cet argumentaire, mêlant dénonciation et victimisation des jurés, n'est pas nouveau et a déjà conduit par le passé au dessaisissement des juridictions ordinaires au profit des tribunaux militaires ou d'exception. Il renvoie aux représentations d'un jury à la fois trop faible, trop indulgent et trop clément, mais aussi incapable de faire face à la violence des ennemis intérieurs. Cette stratégie discursive sur la dangerosité de la fonction sera à nouveau utilisée comme nous le verrons au moment de l'instauration d'un tribunal spécial jugeant le terrorisme en 1986. Mais, à la fin de la guerre d'Algérie, un procès vient nourrir ce double discours : celui de la cour d'assises de l'Aube, saisie de l'attentat manqué contre le général de Gaulle à Pont-sur-Seine du 8 septembre 1961, lors duquel les jurés reçoivent des lettres de menaces de mort ou des petits cercueils, et qui se termine par des peines « d'une sévérité insuffisante » selon les mots de l'ancien garde des Sceaux qui poursuit dans ses mémoires : « Il y avait préméditation, volonté de tuer, commencement d'exécution et absence de désistement volontaire, et la personne visée était le président de la République. Aucune autre affaire de crime de sang commise en relation avec les événements d'Algérie n'a été portée devant la juridiction criminelle de droit commun. Elle n'est pas faite pour juger de telles affaires[7]. »

Pour autant, ces arguments ne sont que de façade et viennent invisibiliser la volonté du général de Gaulle, de son gouvernement et de ses partisans, de faire juger les ennemis politiques par des militaires de carrière et des juges

4. Nous évoquons ici le fameux arrêt *Canal* du 19 oct. 1962 qui déclare illégale la cour militaire de justice créée par le général de Gaulle pour juger les membres de l'OAS.

5. Sur l'histoire des juridictions d'exception en France et celle de la Cour de sûreté de l'État voir : V. Codaccioni, *Justice d'exception. L'État face aux crimes politiques et terroristes*, Paris, CNRS Éditions, 2024.

6. Intervention de Jean Foyer devant le Parlement, séance du 3 janv. 1963 (*JORF* 4 janv. 1963).

7. J. Foyer, *Sur les chemins du droit avec le Général. Mémoires de ma vie politique, 1944-1988*, Paris, Fayard, 2006, p. 236.

professionnels pour la plupart gaullistes qui seront, tout au long de la Ve République, choisis par le président de la République. L'éviction des jurés, qui introduisent de l'aléatoire quant aux verdicts rendus et ne permettent pas à l'exécutif de dominer le processus de criminalisation, est actée lors du vote des lois instaurant la création de la Cour de sûreté de l'État en janvier 1963[8]. À partir de cette date et jusqu'en 1981, tous les groupes successivement visés par le pouvoir et jugés pour des crimes ou des délits en lien avec la sûreté de l'État (OAS, militants actifs en mai-juin 1968, groupes indépendantistes, gauchistes, maoïstes, Action Directe, etc.) sont ainsi jugés par cette juridiction permanente et d'exception au regard de son caractère exorbitant du droit commun : une garde à vue possible jusqu'à 15 jours, une mise en accusation par un décret du chef de l'État, le jugement de civils par des militaires de carrières, l'utilisation de « repentis », etc. La fin officielle et légalisée du jury d'assises dans le cadre du traitement judiciaire de la criminalité et de la délinquance politiques n'est ainsi que l'un des dispositifs d'exception mobilisés pour traiter différemment et plus sévèrement les ennemis du pouvoir politique.

II. LE RETOUR DU JURY ET LA COUR D'ASSISES SPÉCIALE

Au regard du principe de l'égalité de tous devant la loi et de la primauté du droit commun sur l'exception, la gauche s'est toujours opposée à la Cour de sûreté de l'État. L'arrivée de celle-ci au pouvoir signe donc la suppression de ce tribunal d'exception en 1981, et le retour des opposants ou de ceux considérés comme des terroristes devant les tribunaux correctionnels et les cours d'assises. Or, les débats sur la suppression du jury pour juger les ennemis intérieurs se multiplient dès le milieu des années 1980 dans un triple contexte : la dénonciation, à gauche, de la multiplication des condamnations à mort prononcées par les jurys et, plus généralement après l'abolition de la peine capitale, de la sévérité des assises ; la recrudescence des attentats, en particulier ceux menés par Action Directe ; mais aussi la volonté d'une partie de la droite et de l'extrême droite, qui s'était opposée à sa suppression, de « ressusciter » la Cour de sûreté de l'État[9].

Robert Badinter lui-même, lorsqu'il supprime les tribunaux militaires en temps de paix, introduit dans la loi la possibilité de prévoir des modalités de jugement spécifiques lorsqu'il existe un risque de divulgation d'un secret de

8. Loi n° 63-22 du 15 janv. 1963 modifiant et complétant le Code de procédure pénale en vue de la répression des crimes et délits contre la sûreté de l'État (*JORF* 16 juill. 1963). Loi n° 63-23 du 15 janv. 1963 fixant la composition, les règles de fonctionnement et la procédure de la Cour de sûreté de l'État instituée par l'article 698 du Code de procédure pénale (*JORF* 16 janv. 1963).
9. V. Codaccioni, *Justice d'exception...*, *op. cit.*, chap. 5.

défense nationale : dans ce cas, la cour d'assises peut être composée de sept magistrats, et non de trois juges et neuf jurés. Mais Robert Badinter précise dans un article du *Monde* : « Il est hors de question qu'il y ait jamais dans mon esprit de cour d'assises spécialisée dans la répression du terrorisme[10]. » Pour autant, dès le retour de la droite au pouvoir en 1986, ce sont précisément des cours d'assises sans jurés qui sont instituées pour juger la criminalité terroriste. En effet, lors de son procès de décembre 1986 avec d'autres membres d'Action Directe pour la fusillade de la rue de Trudaine, Régis Schleicher lance contre les magistrats et les jurés des menaces de mort. Quelques jours plus tard, quatre des neuf jurés se désistent, le procès d'AD ne peut se tenir et est renvoyé. Fait extrêmement rare, le désistement des jurés est l'occasion d'une réactualisation de la thématique de la faiblesse du jury d'assises, de sa peur et de son incapacité à juger des affaires de violences graves, et justifie la loi du 9 septembre 1986 qui crée la cour d'assises spécialement composée[11].

Considérée comme un « monstre juridique[12] » par certains juristes, cette cour d'assises qui n'en a que le nom est réputée pour sa sévérité, les peines de réclusion criminelle à perpétuité se succédant depuis sa création. Outre le choix d'y nommer des juges particulièrement durs et sévères dans ses premières années d'existence, celle-ci s'explique également par les règles de majorité qui y sont applicables : en effet, cette juridiction est composée d'un président et de six assesseurs, ces derniers prononçant les peines à la majorité simple (au lieu d'une majorité des deux tiers pour une cour d'assises de droit commun), une règle défavorable aux accusés. Mais plus généralement, la cour d'assises spécialement composées permet de réinstaurer le traitement juridictionnel d'exception qui prévalait avec la Cour de sûreté de l'État : la centralisation de la répression (son siège est à Paris), le jugement des affaires par des magistrats professionnels en l'absence de jury, une compétence large et étendue qui s'applique à tout le territoire national, et un appel dérogatoire au droit commun, dans ce cas jugé par une autre cour d'assises spécialement composée de neuf magistrats. En 1992, sa compétence est élargie au trafic de stupéfiants en bande organisée, montrant comment, progressivement, l'antiterrorisme s'inscrit dans le cadre plus général de la lutte contre « la grande criminalité organisée ». Enfin, la loi du 23 janvier 2006 prolonge la garde à vue jusqu'à six jours, étend la compétence de la cour d'assises spéciale aux mineurs de 16 à 18 ans[13]. Le législateur a prévu dans ces cas la présence de deux juges pour enfants dans la composition de la juridiction, ce qui était le cas, là encore, de la Cour de sûreté de l'État.

10. Interview de R. Badinter, « Il n'est pas question de créer des cours d'assises spéciales pour juger les terroristes », *Le Monde* 19 avr. 1982.

11. Loi n° 86-1020 du 9 sept. 1986 relative à la lutte contre le terrorisme.

12. W. Jeandidier, « Les juridictions pénales d'exception dans la France contemporaine », *D.* 1985, Doctr. 3173.

13. Loi n° 2006-64 du 23 janv. 2006 relative à la lutte contre le terrorisme et portant dispositions diverses relatives à la sécurité et aux contrôles frontaliers.

L'histoire du traitement judiciaire de la criminalité politique et terroriste depuis la fin de la guerre d'Algérie éclaire les modalités d'éviction du jury d'assises pour le jugement d'affaires considérées comme importantes pour le pouvoir, ses justifications et soubassements politiques. Considéré comme influençable, trop clément, soumis aux pressions extérieures au tribunal et à la peur des personnes jugées en particulier, le jury gêne en réalité les pouvoirs publics lorsque ces derniers veulent criminaliser plus sévèrement un activisme spécifique ou des formes d'engagement radical comme peut l'être le terrorisme. Ces derniers, par le biais de lois votées au Parlement et au Sénat, instaurent ainsi des juridictions d'exception, tant par la composition de leur chambre de jugement que par d'autres dispositifs exorbitants du droit commun : soit, comme dans le passé, pour gérer de manière plus directe ces affaires politiques dites sensibles et orienter les verdicts, soit, comme aujourd'hui et plus simplement, pour évincer le jury.

DEUXIÈME PARTIE

L'intérêt pratique du jury populaire

Vous avez dit « démocratie directe » ?

Chronique d'un délibéré de cour d'assises

MARC HÉDRICH[1]

Président de la cour d'assises de Martinique, ancien président de la cour d'assises de la Manche

« Monsieur, vous avez été reconnu coupable des faits de viol aggravé et, en répression, vous êtes condamné à 14 ans de réclusion criminelle. » Sur ce verdict, s'achève la session de la cour d'assises de la Manche. Au cours de ces deux semaines d'audience, cinq affaires ont été examinées et jugées, deux meurtres et trois viols. La nuit est tombée depuis un moment et il neige sur Coutances. Cette météo insolite ajoute à l'incongruité de l'instant. Dans un silence pesant, cette dernière sentence est tombée. Jérôme V., le père incestueux, prostré dans le box, vient d'être déclaré coupable et s'apprête à purger la peine de prison à laquelle nous venons de le condamner. Les jurés quittent la salle d'audience. Il est 22 heures passées et tous sont assez pressés de rejoindre leurs domiciles loin de la pression judiciaire. Souffler, oublier tout ça, revenir dans le monde « normal ». Mais je les retiens quelques minutes encore dans cette salle de délibéré, jonchée de tasses à café et de boîtes de gâteaux vides, dans ce lieu où nous avons passé des heures à discuter, réfléchir, peser et soupeser encore... Seul le « paperboard » porte la trace de nos récents échanges. Je tiens en effet à leur dire quelques mots. « Chers collègues, je tiens à vous remercier pour votre attention, votre implication, le sérieux avec lequel vous avez accompli votre mission. » Il y a un parfum d'après match, la fatigue dispute à l'émotion. Il y a chez ces citoyens, juges d'un jour, de l'épuisement, du soulagement mais aussi une certaine fierté. Celle d'être allé jusqu'au bout, celle du devoir accompli. Madame la greffière

1. Auteur du livre *Les acquittements scandaleux des Années folles*, Michalon, 2024.

nous a rejoints. Elle a admirablement supervisé, telle une régisseuse, cette représentation citoyenne qui s'achève. J'aime ces moments de forte intensité. Malgré la fatigue, je savoure et leur serre la main un à un. « Sachez, chers collègues que, pour nous magistrats, c'est toujours un enrichissement de siéger aux côtés des représentants du peuple que vous êtes. J'espère qu'il en a été de même pour chacun d'entre vous. J'imagine aussi que vous aurez peut-être un autre regard sur la justice désormais. »

En enfilant leurs manteaux, les jurés nous remercient en retour chacun à leur manière. Ces remerciements ne sont pas adressés en raison des qualités supposées des différents acteurs du procès, mais de la conscience très claire d'avoir pu participer, en tant que citoyens, à un authentique moment de démocratie.

Depuis le jour où ils ont reçu à leur domicile leur convocation jusqu'à la fin de la session, les jurés, tirés au sort sur les listes électorales, traversent de multiples états d'âme. La plupart sont d'abord frappés d'angoisse et s'interrogent sur leur capacité à supporter la violence des crimes qui leur seront soumis et à juger sereinement ces sombres affaires. Ils sont envahis de questions existentielles : *Pourquoi moi? Serai-je capable de supporter ces affaires sordides? Vais-je comprendre le jargon des juges et le charabia des avocats?* Heureusement, il est prévu, en début de session, une journée de formation au cours de laquelle ils se rassurent quelque peu en écoutant les explications portant sur les grands principes du procès pénal, en constatant qu'ils partagent avec leurs collègues de fortune leurs appréhensions et leurs questionnements. Ils mesurent, en rencontrant un avocat, un procureur, un ancien juré puis en visitant la prison, la responsabilité et l'honneur qui leur sont faits d'avoir à juger certains de leurs concitoyens ayant mal tourné.

Au cours de ces échanges, il leur est présenté l'essentiel des règles de procédure qui garantissent un procès équitable, le devoir d'impartialité, la présomption d'innocence, les droits de la défense, la place des parties civiles. On insiste sur la nécessité d'être attentif à tous les détails utiles pour avancer pas à pas sur le chemin de la vérité. Je les invite à s'intéresser, sans *a priori*, à tous les aspects de la personnalité de l'accusé : « bien juger c'est avant tout bien connaître ». On leur conseille de toujours mettre à distance les émotions, les passions, qui ne vont pas manquer de nous atteindre au cours du procès.

Et puis viennent les explications sur le temps du délibéré qui doit nous amener, en toute fin de procès, au verdict de condamnation ou d'acquittement. C'est le moment crucial de prise de décision pour les jurés. Ainsi, après un examen des charges retenues contre l'accusé et de ses moyens de défense, après une prise de parole totalement libre de chacun des jurés et des juges, d'échanges souvent riches, l'expression d'un grand sens des responsabilités et d'un réel souci de ne pas commettre une erreur judiciaire, vient le temps du vote à bulletin secret. Nous sommes neuf autour de la table, dont six jurés, et il faudra sept bulletins « oui » au moins pour que l'accusé soit déclaré coupable. À l'inverse, si cette majorité qualifiée n'est pas atteinte, ce sera l'acquittement.

Ce moment de délibéré est un temps d'expression de démocratie directe unique dans nos institutions ! Souvent les jurés sont surpris de constater qu'ils ont le même droit de vote que le président et ses assesseurs et de disposer ainsi de la majorité. J'ai pu observer que ce rituel du vote constitue pour les citoyens une expérience humaine et civique aussi exceptionnelle que marquante. Plusieurs jurés m'ont confié qu'ils n'étaient pas sortis « indemnes » de cette immersion au sein du monde judiciaire. Pour chacun d'entre eux, à titre personnel, mais aussi en qualité de citoyen, il reste après cet exercice insolite, une immense fierté du devoir accompli.

Sur les bancs de l'École nationale de la magistrature, on nous apprend à juger en veillant à toujours être à l'écoute et à se départir, autant que possible de nos émotions, de nos préjugés, de nos passions. On prête serment d'être un magistrat impartial.

Pourtant, en ce qui me concerne, après 25 ans de magistrature la passion est toujours là ! Pas la passion qui aveugle, qui empêche le raisonnement, qui perturbe le jugement. Non la passion du métier, nourrie et renouvelée au contact des citoyens jurés. J'aime par-dessus tout siéger avec des jurés, juges d'un jour. J'aime initier ce public à l'art de juger, à la culture du doute, à ce savant dosage entre humanité et fermeté. Je me nourris de leur bon sens, de leur questionnement qui souvent bousculent nos habitudes, nos certitudes. Pierre Drai, ancien président de la Cour de cassation, affirmait dans sa magnifique « lettre aux collègues » : « J'ai appris que juger ce n'est pas "juger comme d'habitude", dans le train-train monotone et mécanique d'une noria de dossiers qui se gère et qui un jour s'évacue. » Les assises c'est le contraire de la routine, c'est, à chaque procès, une nouvelle équipe, une nouvelle affaire, de nouveaux protagonistes, des parcours de vie singuliers, de nouvelles questions. Je me délecte de voir ces citoyens découvrir, à chaque étape du procès, la difficulté d'apprécier chaque déposition de témoin, chaque élément de preuves. J'aime cette convivialité qui naît au moment des pauses, cette dynamique de groupe unique et éphémère qui réunit, pour deux ou trois jours, des juges et des citoyens, aux origines et profils si diversifiés. Quelle autre institution peut rassembler un apiculteur, une femme de ménage, un sous-marinier, une ingénieure, un bardeur-étancheur, une prof à la retraite et un juge ? C'est à chaque fois un cortège à la Prévert. J'aime ces échanges insolites sur les faits, ces débats vifs sur le sens de la peine dont le tableau, plein de couleurs, de flèches, de + et de –, porte encore la trace. On fantasme souvent sur le rôle du président. Mon rôle est, avant tout, de veiller à ce que chacun s'exprime, que les « diseux » laissent s'exprimer les « taiseux ». Je demande aux deux collègues magistrats de faire part de leur point de vue, une fois seulement que tous les jurés se sont exprimés, et puis j'achève le premier tour de table avec quelques commentaires avant de relancer la circulation de la parole. Les jurés, très concentrés, constatent que rien n'est joué d'avance, que le verdict est entre nos mains, qu'on prend le temps. Et tant pis si la nuit tombe. Quand les débats tendent à s'épuiser, le moment des premiers votes arrive, le silence s'installe un instant, chacun à son tour se lève et vient mettre son bulletin dans l'urne. Et ce rituel du vote à bulletin secret se renouvelle pour chacune des dix questions qui nous sont soumises.

Si notre assemblée a majoritairement déclaré coupable l'accusé, les jurés n'ont pas été convaincus de l'accusation portant sur le délit connexe de corruption de mineur. En effet, en plus des viols incestueux reprochés à l'accusé, il était également poursuivi pour avoir incité un de ces neveux à visionner des films pornographiques. Au cours du dépouillement, plusieurs votes sont en faveur de la culpabilité sur ces faits de corruption mais le doute l'emporte, déjà trois bulletins « non ». C'est l'acquittement partiel. Les débats se poursuivent sur la délicate question de la peine. Les jurés multiplient les questions sur la détention, les soins, les modalités de sortie de prison. Ils ont noté que l'avocat général avait requis une peine de 16 ans de réclusion criminelle. Ils ont en tête la nécessaire fermeté et, en même temps, gardent en mémoire leur visite impressionnante de la prison.

Ce sont chaque fois des moments de démocratie authentique couverts par le secret mais qu'on rêverait de partager tellement ils illustrent l'essence même de cette justice citoyenne. Une cour d'assises qui rapproche la justice des citoyens, ce « lieu de socialisation unique » où s'exerce une liberté politique d'un genre particulier, dont la citoyenneté sort transformée.

Depuis 200 ans, cette participation citoyenne à l'œuvre de justice n'a pas été un long fleuve tranquille. Tantôt ce fut le régime de la toute-puissance du jury populaire par défiance à l'égard des juges, tantôt les jurys de notables vinrent seconder les professionnels, avant de privilégier au sein des cours d'assises un système mixte. Une justice associant les jurés citoyens aux magistrats, système qui semble avoir fait ses preuves et auquel les Français sont depuis des siècles très attachés.

Et puis, à l'initiative d'un garde des Sceaux, grand spécialiste des cours d'assises, un tsunami judiciaire survint. Personne ou presque ne l'a vu venir. Les jurés ont-ils tout d'un coup failli, sont-ils à l'origine d'une série de jugements scandaleux, la justice criminelle connaît-elle une crise majeure? Que nenni, c'est tout simplement la conséquence d'une loi, cyniquement baptisée pour « la confiance dans l'institution judiciaire », qui généralise, à compter du 1er janvier 2023, les cours criminelles départementales siégeant désormais sans jurés citoyens. Une nouvelle juridiction fait alors son apparition dans le paysage judiciaire que les observateurs les plus moqueurs ont baptisé très vite Cour « low-cost ».

Paradoxe, surprise et renoncements... la participation du peuple à l'œuvre de justice sort de cette séquence marginalisée. Deux siècles pour construire, trois ans pour déconstruire... L'Histoire retiendra que l'époque est à la démocratie à géométrie variable. S'il y a consensus sur la crise de notre démocratie, l'actualité est pour le moins paradoxale. D'une main, on innove avec les conventions citoyennes sur le climat ou la fin de vie, de l'autre on écarte, sans débat, les jurés citoyens des cours d'assises.

Alors, au-delà des discours, penchons-nous un instant sur les conséquences concrètes de cette éviction des jurés... Par ce tour de passe-passe, la présente chronique d'un délibéré de cour d'assises appartient désormais à une époque révolue. Jérôme V., le père incestueux jugé par ses pairs en 2021 ne le serait plus aujourd'hui.

L'urne en bois de la cour d'assises de la Manche, utilisée depuis plus de 200 ans, n'est plus de mise pour ces procès, désormais réservés aux professionnels. Sera-t-elle rangée au fond d'une armoire du tribunal comme une vieille relique qu'on ne sortira pratiquement plus ? Ou sera-t-elle prochainement exhumée et dépoussiérée, à la faveur d'un sursaut démocratique, lui permettant d'être, à nouveau, ce trait d'union entre la justice et le peuple, au nom de qui la justice est rendue ?

Parions ensemble sur la seconde option. La justice est au cœur du politique. En dépit de son aspect symbolique, la bataille pour le maintien du jury populaire et de la cour d'assises est essentielle car elle a pour enjeu le maintien d'une justice démocratique face à un modèle technocratique, voire corporatiste.

Le point de vue des anciens jurés : une expérience démocratique

CÉLIA GISSINGER-BOSSE

Docteure en sciences de l'information et de la communication, formatrice à l'ESEIS

L'objectif de cet article est avant tout de donner une parole à ceux qui généralement ne l'ont pas en audience. La représentation du jury populaire en France est en effet celui d'un citoyen lambda qui, bien qu'à une place centrale aux côtés du président de la cour lors des procès d'assises, apparaît souvent invisible de par son silence. Seul le président, qui organise les débats lors du procès, fait office de personnage central.

Le rôle des jurés n'en est pas moins important, participant au délibéré au même titre que le président et ses deux assesseurs. Pour autant, ce silence a pu entrainer, tout au long de son histoire, de nombreuses suscitions : le jury populaire est-il compétent, légitime, représentatif, influencé, objectif ou empreint d'émotions...? Ce débat nous a amené à poser certaines questions : sans pour autant trahir le secret des délibérés, que disent les jurés lorsque la parole leur est donnée sur leur expérience? Si le jury populaire est autant jugé par la société et le législateur qu'il est lui-même amené à juger, quel avis porte-t-il sur lui-même? C'est la question que nous allons poser tout au long de cet article, en nous appuyant sur le témoigne d'anciens jurés d'assises. Le juré représente en effet cette double figure étymologique de la « personne ». Tirée au sort sur la liste électorale, elle est considérée comme équivalente à tout autre citoyen, représentant le peuple français, portant le *masque* du commun et de la neutralité. Mais elle est aussi *personare*, qui résonne à travers son masque comme individu unique à travers son vote en délibéré. Le juré et son expérience du jugement renferme à la fois le particulier et le général. Sa parole retranscrite ici sera unique, tout en étant représentative d'une expérience de participation démocratique.

L'enquête qui a été menée dans le cadre de notre thèse de doctorat[1] a en effet eu pour terrain le témoignage d'anciens jurés d'assises. Observer des audiences en assises ne dit en effet pas grand-chose de l'expérience des jurés. Une des grandes difficultés du terrain qu'est le procès d'assises réside en effet dans l'observation d'un échantillon silencieux. Associer l'observation aux entretiens apparaissait donc comme méthodologiquement indispensable, non pour vérifier des impressions que les audiences nous auraient faites, mais pour découvrir précisément la *parole silencieuse* des jurés. De fait, Georges Gusdorf montre que la parole ne se résume pas à son oralité ou à ses interactions entre individus. L'« homme parlant » est celui qui possède un langage, pense, raisonne, écrit, communique avec les autres, il désigne une « réalité humaine », « affirmation de la personne, d'ordre moral et métaphysique[2] ». Ainsi, si nous n'entendons pas la voix des jurés pendant les audiences, cela ne signifie pas qu'ils n'ont pas de parole.

Pour recueillir cette *parole silencieuse*, la méthode par entretien semi-directif, plus que par questionnaire, nous avait semblé la plus pertinente. En effet, notre objectif n'était pas d'« expliquer[3] » une hypothèse, mais bien de découvrir ce que les jurés pouvaient dire de leur expérience. Notre démarche était donc beaucoup plus orientée vers la compréhension que vers la quantification. Les témoignages cités dans cet article sont donc tirés de deux séries d'entretiens : un premier appel à témoin paru dans un journal local a permis de recueillir la parole d'une vingtaine d'anciens jurés ayant siégé entre 1987 et fin 2008. Cette dimension temporelle nous semblait particulièrement intéressante dans la mesure où elle permettait de vérifier les écarts d'un témoignage à l'autre. Quels sont en effet les éléments que la mémoire conserve le plus par rapport à ce qui se trouve vite évaporé? La mémoire sélective est une donnée intéressante pour faire apparaitre ce qui est le plus marquant dans leur expérience de jurés.

Ainsi, les premiers constats se sont imposés assez rapidement à l'issue de ces entretiens. Tous les anciens jurés ont eu un vrai plaisir à reparler de leur expérience tout en étant heureux que l'occasion leur soit donnée de prendre la parole. Si certains ont pu parfois oublier le nombre d'affaires pour lesquelles ils avaient siégé ou les détails des faits, tous se sont souvenu de l'impression que leur a faite cette expérience. Dominique Vernier a pu faire le même constat : « le juré qui s'exprime ici relate une expérience qui est ancienne de plus de vingt ans. Pourtant il semble encore très concerné par ce qu'il a vécu, s'en souvient bien apparemment [...] et en garde comme un

1. C. Gissinger-Bosse, *Vers une conversion démocratique. Analyse du dispositif de parole de la Cour d'assises*, thèse dirigée par le professeur Philippe Breton, présentée et soutenue publiquement le 28 nov. 2012, doctorat en sciences de l'information et de la communication, Université de Strasbourg.

2. G. Gusdorf, *La parole*, Paris, PUF, 2013, p. 5.

3. François de Singly (1992) distingue les chiffres « descriptifs » des chiffres « explicatifs », ces derniers étant le propre de l'enquête par questionnaire.

ressentiment toujours frais[4] ». Ainsi, tous les jurés interrogés dans le cadre de notre enquête relatent une expérience qui leur a été positive.

Évidemment, ces premières prises de contact pouvaient être biaisées dans la mesure où seuls les « volontaires » ont souhaité parler de leur expérience. Cette prise d'initiative indique dès lors un certain engagement de leur part dans cette expérience de juré. Mais, combien de personnes ont lu l'appel à témoin dans le journal sans souhaiter y répondre, parce que c'était trop difficile, parce qu'ils ne s'en souviennent pas, etc. ? Pour autant, le constat du changement positif n'est pas spécifique à notre terrain, mais se retrouve, notamment, dans les entretiens réalisés par la sociologue Anne Jolivet dans le cadre de sa thèse de doctorat. Elle écrit en effet que « a posteriori beaucoup sont surpris d'un tel décalage entre ce qu'ils imaginaient et la réalité. Il est fréquent de constater une évolution dans un sens favorable à la participation[5] ».

Après avoir donné une dimension temporelle à nos contenus d'entretiens, nous souhaitions lui donner une dimension spatiale. Nous avons donc investi trois cours d'assises réparties en France métropolitaine. Nous avons choisi des tribunaux dans des villes moyennes ayant globalement la même densité de population. Une prise de contact direct avec les présidents de ces cours d'assises a permis d'être présentés aux jurés de chacun de ces sessions. Nous avons ainsi pu effectuer une quinzaine d'entretiens approfondis avec ces jurés, pour lesquels nous avons également pu suivre les mêmes procès qu'eux.

L'ensemble des entretiens que nous avons réalisés nous a ainsi permis d'établir notre hypothèse jusqu'à ce que Jean-Claude Kaufmann appelle la saturation du modèle, c'est-à-dire quand « les dernières données recueillies n'apprennent plus rien ou presque[6] ». Les anciens jurés témoignaient tous de l'importance et de l'enrichissement de leur expérience dans leur vie. Cette parole d'anciens jurés permet de montrer le décalage qui existe entre la manière dont la société « juge » le jury populaire et qui en définit son avenir, et la manière dont les jurés d'assises se jugent eux-mêmes.

C'est ce que nous nous proposons d'aborder dans les pages qui suivent. Nous commencerons pour cela par rapporter la parole des anciens jurés (I) pour ensuite traiter de la manière dont ils influent sur le cours de la justice (II). Nous terminerons notre propos en soulignons l'intérêt de donner la parole aux jurés pour comprendre ce qu'ils apportent à l'institution judiciaire (III).

---

4. D. Vernier, *Jury et démocratie, une liaison fructueuse ? L'exemple de la cour d'assises française*, École normale supérieure de Cachan, thèse de doctorat de sociologie, 2006, p. 801.
5. A. Jolivet, « Juré en cour d'assises : découverte d'un monde social et expérience de sociabilité au sein d'un groupe restreint », *Droit et Société* 2006, n° 62, p. 217.
6. J.-C. Kaufmann, *L'entretien compréhensif*, Paris, Nathan, 1996, p. 29.

I. CE QUE LES ASSISES FONT AUX JURÉS

A. LA COUR D'ASSISES : UN NOUVEAU REGARD

Du point de vue des anciens jurés interrogés, l'expérience des assises vient les changer à des niveaux différents. Tous témoignent d'un avant et d'un après. Ce n'est pas un changement brutal ou inattendu, il découle d'un processus plus ou moins long. L'anthropologue Étienne Le Roy associe le procès à l'idée d'avancement, de mouvement : « Le procès induit un changement qui se réalise par transformation de ce qui existe en autre chose, comme une extension ou une conséquence, non comme une production nouvelle ou originale[7]. » S'il se produit un changement, l'anthropologue précise que ce n'est pas n'importe lequel. Le changement possède ses particularités, ses conditions, son processus. Il ne se réalise pas non plus chez tous de la même manière.

> Extrait : Fannie, 65 ans, mère au foyer
> « Maintenant je vois plus les choses pareilles, parce que je vais me rendre compte de ce que c'est maintenant... que de juger quelqu'un et je vois plus les choses de la même façon et je réfléchis beaucoup plus. C'est vrai qu'on met pas des peines comme ça sans réfléchir. C'est pour ça que je vous dis ça, c'est vraiment quelque chose qui... qui peut apporter. Moi je sais que ça m'a beaucoup apporté. [...] Franchement avec le recul, c'est une chose que je suis contente d'avoir pu faire dans ma vie. »

Ainsi sommes-nous partis du constat suivant : il y a un changement ou une évolution chez les jurés entre leur entrée et leur sortie du tribunal. Si l'on suit la définition de Norbert Alter, l'analyse du changement est la « comparaison entre deux états stables. Le changement en lui-même, c'est-à-dire le moment spécifique du passage entre les deux états n'est pas conçu comme une donnée. Le changement n'est pas conçu comme ce qui change mais comme ce qui a changé. Ce qui intéresse l'observateur est la comparaison entre deux univers, pas la manière de passer de l'un à l'autre[8] ». En parlant de changement, ou même d'enrichissement, les jurés établissent un constat de leur état au sortir de leur expérience, mais n'en expliquent évidemment pas le processus. S'ils peuvent souvent dire ce qui a changé, ils ne précisent pas comment cela a changé. Ce changement intervient dans tous les cas de manière inopportune.

> Extrait : Michelle, 65 ans, retraité, secrétaire d'avocate au civil
> « C'est une expérience que tout un chacun devrait vivre, parce qu'on voit les choses différemment après aussi. On voit la vie différemment.

7. É. Le Roy, « Le déroulement de la figure du procès, "cérémonie de reconstitution du lien social" », *in* E. Rude-Antoine (dir.), *Le procès, enjeu de droit, enjeu de vérité*, Paris, PUF, 2007, p. 15.
8. N. Alter, *L'innovation ordinaire*, Paris, PUF, 2000, p. 121.

[...] Quand on retourne dans sa vie c'est fade par rapport à l'expérience, certains auraient préféré rester jurés. Tu n'as plus cette adrénaline. [...] Ça m'a appris à être plus tolérante dans la vie, plus à l'écoute. »

Extrait : Camille, 30 ans, animatrice en association

« C'est vraiment subtil hein, c'est pas un changement du jour au lendemain, je me suis réveillée et puis paf, ça y est. Ouais c'est une façon d'aborder, de voir les choses, certains sujets, certains trucs où... je sais pas pourquoi d'ailleurs parce que ça me concernait pas personnellement au final... »

Il existe donc pour les anciens jurés un changement de regard à l'issue de leur expérience. Le silence des jurés en audience semble donc être rempli de bruits intérieurs, peu audibles depuis le public. S'ils arrivent souvent avec un certain nombre d'appréhensions, ils en ressortent avec de nouveaux questionnements et un enrichissement personnel. Ils développent ainsi, comme nous allons le voir, un nouveau regard sur le monde de la criminalité.

Ce monde de la criminalité que les jurés découvrent n'est pas inventé pour l'occasion, mais il s'agit bien de la découverte d'un milieu qui préexistait. Le changement chez eux consiste alors à faire « un pas de côté », comme nous l'a dit un des jurés, leur permettant de percevoir une autre réalité. La surprise vient aussi du fait qu'ils découvrent un monde qui fait pourtant partie du leur. Ils reconnaissent ainsi souvent que l'accusé ressemble à « monsieur-tout-le-monde ». Cette réflexion trouve un écho dans la démarche proposée par Marcel Detienne, où les comparaisons anthropologiques permettent de montrer qu'« être au monde, ici ou là, implique que l'on est avec, que l'on coexiste, bref que le monde est commun et se partage avec les autres[9] ».

Extrait : Malik, 41 ans, professeur de gestion

« ... je pense que c'est des expériences à vivre. Je pense que ça fait pas de mal ; et à comprendre que notre société, ben elle est ce qu'elle est, c'est un tout. »

Les jurés ne font pas que juger, mais engagent un retour à un monde plus complexe, plus multiforme. L'intérêt d'utiliser un tel terme pour décrire leur expérience permet précisément de ne pas la réduire à leur seul devoir de rendre un jugement. Le terme d'enrichissement désigne ainsi l'ouverture dont ils ont parlé.

Plus qu'une révélation soudaine donnant à voir une vérité, c'est une complexification qui s'engage pour les jurés, dans un souci, toujours, de découvrir une réalité dans une affaire criminelle. Si la connaissance peut *a priori* permettre d'éclairer des données, le procès semble partir de faits objectifs pour aller vers la complexité d'une situation.

Extrait : Charles, 62 ans, enseignant en SEGPA

« On écoute ce que disent les uns et les autres et après on se dépatouille avec tout ça pour essayer de se faire une opinion. [...] Bon après, la

9. M. Detienne, *Comparer l'incomparable. Oser expérimenter et construire*, Paris, Seuil, 2009, p. 96.

question qu'on se pose c'est : est-ce que, est-ce que... et ça dure des mois. C'est quand même une sacrée responsabilité, j'ai participé à envoyer un gars au trou pendant 20 ans. »

Ce juré nous dit bien que l'intime conviction ne peut se faire brutalement, mais elle évolue tout au long de l'affaire et même au-delà. Cette nouvelle perception du monde de la criminalité, ne va pas sans une nouvelle perception d'eux-mêmes.

B. LA COUR D'ASSISES : DE NOUVELLES COMPÉTENCES

Chez les jurés, il ne s'agit pas de renier ce qu'ils ont pu être, mais de se découvrir sous un nouvel angle, celui d'un citoyen compétent dans l'exercice du jugement :

> Extrait : Sophie, 33 ans, institutrice
> « Ouais émotionnellement c'est pas évident quand même. Mais j'étais contente, parce que j'ai bien géré tout ça. Et pour moi, ça m'a permis de voir de quoi j'étais capable. Au début j'étais pas à l'aise hein. Et en fait j'ai été contente parce que j'ai vu qu'émotionnellement j'arrivais à gérer. À gérer le fait de voir les victimes s'exprimer. »
> Extrait : Christian, 30 ans, ouvrier
> « Et donc la première fois... c'était un petit peu à reculons quoi (rire), j'avais pas vraiment envie d'être tiré au sort, donc voilà ça m'a pas plu, ça c'est évident la première fois... Je restais un peu sur mes interrogations, du style est-ce que c'est vraiment à moi de faire ce travail-là, de juger quelqu'un, d'aller jusqu'à prononcer une peine, une réticence de ce type. Voilà, je me demandais au nom de quoi moi je pouvais avoir ce droit-là de juger. La première affaire passée, après ça a disparu et après j'attendais plutôt d'être tiré au sort. Je sais pas si c'est comme ça pour d'autres? Ben déjà ça m'a intéressé. »
> Extrait : Louis, 33 ans, technicien de maintenance
> « D'ailleurs on s'est tous fait la réflexion, on savait pas qu'on était capable d'être concentrés comme ça... j'allais dire comme une interrogation, je sais plus comment on dit à l'école, bref une interrogation, où on planche pendant 8 heures quoi. Parce qu'en fait c'est une concentration permanente, permanente. Même le midi on discute de ça, tout le temps... Là, y a pas de pause. [...] Donc ça c'est vrai que c'est une grande surprise ouais. »
> Extrait : Salima, 44 ans, directrice village vacances
> « Ben je m'attendais pas d'abord à ce qu'on soit partie prenante dans le délibéré... donc qu'on soit consultatif ok, mais après que nos voix comptent. »
> Extrait : Grégoire, 28 ans, agent de quai à la SNCF
> « J'en suis ressorti limite fier de moi, limite j'en redemandais quoi! Et limite j'avais l'impression d'avoir raté un truc, une vocation dans la vie. Mais voilà, c'est des boulots trop intéressants quoi. Après il faut avoir les compétences, les capacités... »

L'acte civique, qui était jusque-là contenu principalement dans le vote, s'étend pour eux à un domaine inattendu qu'est la justice, et plus précisément au jugement. Si ce nouveau rôle leur fait peur dans un premier temps, il devient une nouvelle compétence citoyenne au travers de la découverte de leur capacité à se former une intime conviction[10]. Le sentiment de fierté et d'étonnement a ainsi souvent été relevé dans les entretiens, autant que le sentiment d'utilité. L'impact d'un vote dans un délibéré est en effet sans commune mesure avec le vote lors d'une élection nationale. Cette reconnaissance paraît d'autant plus forte que le juré n'a pas été choisi pour sa profession ou pour des compétences particulières, mais pour son statut de citoyen, tiré au sort. L'étonnement des jurés vient dans le même temps témoigner de l'*a priori* négatif sur les compétences citoyennes en matière de jugement. Les extraits précédents montrent qu'ils se pensent, de prime abord, non compétents, entrainant des appréhensions chez eux. Le tirage au sort vient ainsi révéler le décalage entre le jugement comme compétence professionnelle et comme compétence citoyenne, tout en permettant cette dernière.

L'enjeu symbolique est ici fort pour les jurés interrogés, car faire partie d'un jury populaire implique de participer à un exercice démocratique, leur voix pendant le délibéré ayant le même point que celle des magistrats, tout en les confrontant à une conception historiquement oligarchique du système judiciaire, appelant des sentiments de fascination et de crainte. Les extraits précédents renferment en effet cette ambivalence, entre l'expression d'une capacité à participer à la justice et l'admiration craintive face à cette institution. Le tirage au sort, s'inscrivant dans cette expérience démocratique pour les jurés, comme le rappelle à juste titre Yves Sintomer, représente cette rupture dans la tradition de la pensée républicaine : « jusqu'aux décennies précédant les Révolutions française et américaine, le caractère plus démocratique du tirage au sort et plus aristocratique de l'élection semblait constituer une chose acquise pour ceux qui réfléchissaient sur les types de gouvernement. Or les révolutionnaires du XVIIIe siècle optèrent unanimement pour l'élection lorsqu'il fallut poser les nouvelles bases institutionnelles de la sélection des gouvernants[11] ». Le tirage au sort accorde une nouvelle place au citoyen, une nouvelle conception également de la gouvernance, qui dépasse le domaine purement judiciaire de la cour d'assises. Yves Sintomer fait par exemple remarquer que « le tirage au sort constitue un instrument au service de la démocratie, parce que son caractère égalitaire l'oppose à la technocratie ou au "sens caché" qui favorise les élites sociales, parce qu'il élargit la participation aux charges publiques et parce qu'il développe la culture civique[12] ».

10. Comme indiquer dans l'article 304 du Code de procédure pénale, lu par le président au jury populaire.
11. Y. Sintomer, *Petite histoire de l'expérimentation démocratique. Tirage au sort et politique d'Athènes à nos jours*, Paris, La Découverte, 2011, p. 94.
12. *Ibid.*, p. 198.

> Extrait : Jean-Michel, 63 ans, professeur émérite d'histoire médiévale
> « ça dépend aussi des jurés hein... Un des grands intérêts si vous voulez à la chose c'est quand même que... c'est une étonnante variété les jurés... C'est une grande, grande variété. Parce que vous entendez souvent dire oui mais c'est forcément des salariés, des fonctionnaires, etc., ceux qui peuvent se libérer. Je n'ai pas eu cette impression. »
> Extrait : Claire, 47 ans, agent immobilière
> « Les jurés, ça fait rentrer un peu d'air frais... un peu de bon sens populaire... parce que dans les discussions et ben finalement les gens posent des questions, et je pense que ça doit un peu influencer... Ça c'est aussi une question, est-ce que nous on influence... le président et les juges professionnels, j'en sais rien du tout. »

La possibilité envisagée par cette jurée, qu'eux-mêmes puissent influencer les présidents, montre que l'échange ne se place pas systématiquement de manière unilatérale, mais bien dans un face-à-face, un échange contradictoire en vue d'emporter une conviction. Yves Sintomer rappelle l'importance de cette intersubjectivité à partir d'Habermas, qui s'appuie « sur une anthropologie de la pratique communicationnelle pour valoriser l'intersubjectivité fondatrice du lien social[13] ». Dans le dispositif de la cour d'assises, cette intersubjectivité est permise par un dispositif dont les jurés se saisissent avec autant d'étonnement que d'intérêt. Mais cette participation se confronte au même dispositif qui rappelle le monopole de la violence légitime détenu par l'institution judiciaire, que relève également Yves Sintomer : « l'État moderne représente l'aboutissement d'une évolution qui voit l'État monopoliser l'usage de la violence physique légitime à l'intérieur de la communauté politique et rationaliser les règles de son application[14] ». Si le soupçon de l'influence est généralement reproché au président de la cour d'assises, poser la question de l'influence des jurés sur les magistrats atteste d'une possible intersubjectivité. Poursuivons la question posée par cette ancienne jurée dans la partie suivante.

II. CE QUE LE JURY POPULAIRE FAIT À LA JUSTICE

A. LE JURY POPULAIRE PAR MONTS ET PAR VAUX

William Roumier résume le débat entre partisans et adversaires de la manière suivante : « Les premiers invoquent en sa faveur quatre séries d'arguments. Ils font tout d'abord valoir que les jurés sont, en raison du caractère temporaire de leur mission, les plus indépendants des juges. Ensuite, à la différence des

13. Y. Sintomer, *La démocratie impossible? Politique et modernité chez Weber et Habermas*, Paris, La Découverte & Syros, 1999, p. 142.
14. *Ibid.*, p. 30.

magistrats de carrière [...] les jurés échappent à la routine professionnelle et apportent un regard neuf sur chacune des affaires qui leur sont soumises. [...] En outre, de par leur contact avec la société, les jurés peuvent se montrer plus humains que des magistrats [...]. Mais l'argument essentiel réside dans l'influence du jury comme facteur d'évolution de la loi pénale. » Quant aux seconds ils « dénoncent notamment l'ignorance et la trop grande sensibilité des jurés. [...] les adversaires du jury lui reprochent, dans la perspective de l'évolution contemporaine des sciences criminelles, son absence de connaissance des sciences auxiliaires du droit pénal et son incompétence à prendre en considération les différents paramètres qui président aujourd'hui au choix de la peine[15] ».

Si l'on recoupe les quelques témoignages qu'offre la littérature, les recherches sur son histoire et son fonctionnement, il apparaît que l'expérience de jugement des jurés est gênante. Elle l'est au niveau politique, son histoire montrant les nombreuses tentatives pour le supprimer, ou tout au moins le contrôler. Elle l'est aussi pour l'indétermination inhérente de l'intime conviction sur laquelle les jurés doivent se fonder. Elle l'est pour la relation que les jurés entretiennent avec les présidents pendant le délibéré, sorte de « boite noir » du procès d'assises. Elle l'est encore plus pour son tirage au sort, ultime survivance d'une sorte de démocratie directe dans un principe représentatif. Le jury populaire est gênant parce qu'il est difficile d'interpréter son fonctionnement au milieu des contradictions qu'il renferme.

En cela, Benoît Frydman qualifie le jury populaire, à juste titre, de « familière étrangeté[16] » : familière parce que présent dans de nombreux États démocratiques et pourtant étrange parce que n'appartenant pas au monde des professionnels de la justice et entrant en contradiction avec notre imaginaire judiciaire. Sa subsistance ne tiendrait-elle alors qu'à sa symbolique démocratique comme le relève une partie des études sociologiques du jury populaire, comme celles menées par Françoise Lombard[17], Dominique Vernier[18] ou Aziz Jellab et Armelle Giglio-Jacquemot[19].

Les diverses perspectives du jury populaire se trouvent partagées, en définitive, par des contradictions insurmontables. Entre objectivité et subjectivité,

15. W. Roumier, *L'avenir du jury criminel*, Paris, LGDJ, 2003, p. 12. Le site internet officiel du Sénat propose également un résumé relativement complet de l'histoire des jurés d'assises ainsi que les éléments du débat sur le maintien ou non du jury populaire. Adresse : [http://www.senat.fr/rap/l96-275/l96-27515.html] consulté le 14 oct. 2024.

16. B. Frydman, « Juge professionnel et juge citoyen. L'échevinage à la croisée de deux cultures judiciaires », in *La participation du citoyen à l'administration de la justice*, Bruxelles, Bruylant, 2006, p. 13.

17. F. Lombard, *Les jurés. Justice représentative et représentations de la justice*, Paris, L'Harmattan, 1993.

18. D. Vernier, *Jury et démocratie, une liaison fructueuse ? L'exemple de la cour d'assises française*, École normale supérieure de Cachan, thèse de doctorat de sociologie, 2006.

19. A. Jellab et A. Giglio-Jacquemot, « Les jurés populaires et les épreuves de la cour d'assises. Entre légitimité d'un regard profane et interpellation du pouvoir des juges », *L'année sociologique* 2012, vol. 62, p. 143-193.

entre juridicité et sens commun, entre raison et émotion, entre domination et autonomie, entre justice et vengeance, sommes-nous contraints à devoir choisir un camp? Le débat qui traverse l'histoire du jury populaire sur son maintien ou sa suppression semble ne pas pouvoir donner d'autres perspectives.

Mais encore, le jury populaire n'aurait-il de sens que pour l'expérience positive de participation qu'il permet? Au regard des éléments évoqués dans la partie précédente, il serait en effet possible d'affirmer que le jury populaire serait plus utile pour ce dernier que pour le fonctionnement de la justice. Dit trivialement, cette dernière n'aurait ni le temps, ni les moyens de faire vivre une expérience participative à quelques citoyens tirés au sort pour former des citoyens à l'exercice du jugement. Tel que l'exprime ce président d'assises, la cour d'assises semble tenir sa légitimité du jury populaire et en tire un bénéfice symbolique.

> Extrait : président d'Assises depuis 1992
> « Enquêtrice : est-ce que vous pensez que le jury populaire est nécessaire au fonctionnement de la justice?
> Président : En matière d'assises oui, sans aucune hésitation je vous réponds oui ! Parce qu'encore une fois, on rend la justice au nom du peuple français, il est bon que pour les infractions les plus graves ils y participent. C'était le vœu du révolutionnaire. Eh bien, être citoyen c'est participer au jugement de ses semblables, c'était l'état d'esprit des révolutionnaires. Parce qu'encore une fois, il ne faut pas qu'on se coupe, nous les magistrats, de notre légitimation qui est le peuple français. »

Mais au-delà de cette dimension symbolique, la présence du jury populaire ne produit-elle pas également un effet sur le jugement des crimes? C'est ce que nous allons aborder à présent.

B. LA COUR D'ASSISES : POUR UNE JUSTICE DÉMOCRATIQUE

Ce que nous nommons « justice démocratique » n'a pas seulement pour particularité de faire participer des citoyens à une décision de justice, mais de faire en sorte que les citoyens en ressortent différents de ce qu'ils étaient en y entrant.

> Extrait : Claire, 47 ans, agent immobilière
> « C'est une expérience de vie, c'est une expérience très forte, de vie très forte... Après j'avais besoin d'en parler, de raconter. Mais ouais, c'est quelque chose d'unique... »
> Extrait : Elisabeth, 49 ans, assistante commerciale
> « C'est une sacrée machine, on n'en ressort pas intact. Si c'était à refaire sans problème. J'y cours, j'y vole (rire). Et puis c'est valorisant aussi. Enfin moi je prends ça au même titre que de voter, c'est aussi important. C'est un droit qu'on nous donne. [...] C'est une école extraordinaire, il faudrait que tout le monde soit juré. »

Au regard de ces extraits d'entretien, il est possible de faire l'hypothèse que les conséquences de cette expérience ne sont pas seulement valables pour la vie des jurés, mais encore pour le fonctionnement d'une justice dite démocratique. C'est une justice du cas par cas, du particulier, qui juge chaque affaire dans son caractère unique. C'est également ce que fait remarquer cette jurée :

> Extrait : Coralie, 39 ans, assistante maternelle
> « Coralie : Mais c'est vrai que le lendemain, quand on commençait une nouvelle affaire finalement, on oublie tout et on reprend sur autre chose. Ça c'est étonnant, comme on arrive à faire le vide pour recommencer sur autre chose. C'est étonnant.
> Enquêtrice : L'affaire précédente n'a-t-elle pas d'impact sur la nouvelle affaire ?
> Coralie : Non, non. C'est qu'on a un peu d'expérience et qu'on sait mieux écouter et mieux entendre, sinon, non ça n'a pas d'impact. »

Si l'expérience professionnelle ou celle même des jurés au cours de la session peut jouer, notamment par rapport aux peines, l'exposé du contexte qui entoure l'affaire limite les généralités. C'est précisément l'idée défendue par Denis Salas : « En réalité, les jurés jugent non des infractions mais des personnes inscrites dans un jeu complexe de représentations sociales. Ils ne voient pas l'incrimination, mais le poids de l'acte, sa résonance sociale, le trouble provoqué. Ils récusent la généralité de la loi, lui préférant, par proximité à leur semblable, une norme qui fasse sens pour eux et pour lui. Au cas par cas, ils s'efforcent de recréer des normes de jugement latentes, immergées dans l'épaisseur du lien social où ils vivent. Ils réinventent la loi dans chaque cas en puisant à la source même de l'idée de justice. Les jurés jugent des individus singuliers et, surtout, reconstruisent une hiérarchie des normes, en quelque sorte coutumières, qui leur servent de référence[20]. »

La justice démocratique est un dispositif qui se veut horizontal, même si une certaine verticalité peut subsister. C'est une justice de l'équivalence, qui sans chercher à réprimer ou refouler les tentations de vengeance, les transforme. L'expérience du débat contradictoire, l'oralité du débat, exige du temps pour élaborer une intime conviction, que les jurés ont opposé à un jugement dit « à l'emporte-pièce ». De fait, si une opinion peut se dégager rapidement à la lecture de l'arrêt de renvoi, les jurés ont exprimé leur étonnement à changer d'avis, à complexifier leur opinion au fur et à mesure des débats.

Au-delà de la cour d'assises, cette conception du jugement parait indispensable à une proximité entre jugeant et jugé et elle reste pour Denis Salas « un puissant facteur de résistance au populisme pénal si prompt à diaboliser l'autre[21] ».

20. D. Salas, *La volonté de punir. Essai sur le populisme pénal*, Paris, Hachette, 2005, p. 211.
21. D. Salas, *La volonté de punir. Essai sur le populisme pénal*, *op. cit.*, p. 213.

> Extrait : Elisabeth, 49 ans, assistante commerciale
> « C'est vrai qu'après on peut plus dire ah c'est pas juste, c'est n'importe quoi, ou il est trop condamné ou pas assez. Après on peut plus dire ça. Maintenant je peux plus avoir ce jugement à l'emporte-pièce. Maintenant je dis, mais non tu ne connais pas l'affaire (rire). On change de toute façon. Il y a tellement de choses qui rentrent en ligne de compte. »

La cour d'assises est une expérience démocratique pour les jurés, mais aussi pour la justice elle-même. Cette dernière rejoue, remet à l'épreuve de chaque jugement, sa capacité à éprouver sa faculté de juger[22] de manière démocratique.

> Extrait : Louis, 33 ans, technicien de maintenance
> « C'est du sang neuf par rapport à eux, parce que s'ils avaient à juger tout le temps qu'entre eux ce genre d'affaire ce serait expédié en cinq minutes, parce que... ils lisent le dossier une fois, voilà ça correspond à tel dossier, telle affaire, tel machin, c'est réglé, c'est expédié. [...] Ben comme elles sont jugées actuellement en correctionnelle quoi, c'est-à-dire que c'est dix affaires en une matinée. C'est pas que ce soit mal jugé. Ce qu'il y a c'est que, l'âme et conscience et l'intime conviction, je pense qu'elles sont nettement remises en cause. »
> Extrait : président d'assises depuis 2009
> « Mais pour en revenir aux éléments de preuve, les jurés sont notre poil à gratter hein. Ils nous renvoient à nous professionnels, à nos... pas dire nos facilités, mais... Eux, ils sont beaucoup plus exigeants que nous... ils font ça vraiment très à cœur et... c'est vrai que notre intime conviction à nous professionnels, souvent elle est quand même guidée par l'expérience. Peut-être qu'on se trompe hein... On est peut-être moins exigeants qu'eux. Tout le monde dit que souvent les assises c'est la roulette, vous avez autant de chances de sortir acquitté que condamné, donc... En correctionnelle, vous savez que vous avez aucune chance d'être acquitté. Mais vous savez qu'aux assises, tout est toujours possible, rien n'est jamais perdu pour l'avocat. »

L'intime conviction, par l'opportunité de cette participation citoyenne, peut être interprétée comme une faculté de juger, dans le sens politique que lui confère Hannah Arendt[23]. Si la cour d'assise produit un changement sur les jurés, ces derniers donnent à la cour d'assises une dimension politique non négligeable, en permettant de réunir le particulier et le général, comme il avait été dit en introduction. De fait, pour Kant, « la difficulté majeure que

---

22. Pour un développement de la faculté de juger chez les anciens jurés, v. C. Gissinger-Bosse, *Être juré populaire en cour d'assises. Faire une expérience démocratique*, éd. Fondation de la Maison des sciences de l'Homme, coll. « Le (bien) commun », 2017.
23. H. Arendt, *Qu'est-ce que la politique ?*, texte établi et commenté par Ursula Ludz, traduction de l'allemand et préface de Sylvie Courtine-Denamy, Paris, Seuil, 1995.

présente le jugement tient à ce qu'il est "la faculté qui consiste à penser le particulier"[24] ». Or Arendt[25] souligne que *penser* veut également dire généraliser : il est donc pour elle la faculté qui combine, de manière énigmatique, le particulier et le général.

Si les jurés populaires représentent un coût financier réel pour l'institution judiciaire, en faire l'économie n'est-il pas la perte d'une justice rendue démocratiquement ?

III. CONCLUSION : LE JURY POPULAIRE EST-IL VOUÉ À DISPARAITRE ?

L'analyse de Louis Gruel rappelle que l'histoire du jury populaire est significative d'une instrumentalisation politique bien loin des réalités de fonctionnement de cette instance participative. Il écrit en effet que « la thèse du jury populaire répressif, et répressif parce que populaire, traduit moins les données pénales que des préjugés idéologiques à la fois contradictoires et complices. Elle est caractéristique des "opinions intéressées" qui ne cessent de manipuler l'image du jury et qui peuvent d'ailleurs (même si le cas est plus rare aujourd'hui) lui donner un projet exactement opposé[26] ».

Il existe donc un *a priori* négatif historique sur le jury populaire, facilité par le silence inhérent à la fonction de juré. Le bruit que produit leur présence reste pourtant bien présent et, tant qu'il ne sera pas entendu, seule la dimension symbolique subsistera. Il est regrettable que l'institution judiciaire se prive d'une opportunité de mettre en pratique une intime conviction et donc une justice démocratique. Sans doute est-il possible de penser que l'absence d'intérêt réel, d'écoute approfondie, de la parole des anciens jurés a conduit à sa progressive disparition.

---

24. E. Kant, *Critique de la faculté de juger*, traduction, présentation, bibliographie et chronologie par Alain Renaut, Paris, Flammarion, 1995 [1790], p. 27.
25. H. Arendt, *Juger. Sur la philosophie politique de Kant*, traduit de l'anglais par Myriam Revault d'Allonnes, Paris, Seuil, 1991.
26. L. Gruel, *Pardons et châtiments*, Paris, Nathan, 1991, p. 116.

L'intérêt pratique du jury criminel : le point de vue du Syndicat des Avocat.e.s de France

STÉPHANE MAUGENDRE
Avocat au barreau de la Seine-Saint-Denis

L'intérêt du jury criminel se situe dans le principe même de son institution. La Révolution française, pour éviter une justice de vengeance ou l'application de la loi du Talion, a confisqué au peuple le pouvoir de juger, mais lui a donné la possibilité de participer au jugement des affaires les plus graves liant ainsi intimement les citoyens et la justice.

Toutefois, l'histoire des cours d'assises, au moins depuis la loi du 25 novembre 1941[1] et plus généralement depuis la fin de l'éphémère IIe République (1848-1852), est aussi celle du déclin de la confiance du pouvoir judiciaire à l'égard de la population. La multiplication des cours d'assises spécialement composées de cinq magistrats à l'exclusion des jurés, hier pour juger les faits de terrorisme[2] et de trafic de stupéfiants[3], et probablement demain pour juger les meurtres commis sur fond de narcotrafic[4], en est un exemple symptomatique.

Ébrécher, casser ce lien, c'est montrer la défiance du pouvoir judiciaire à l'égard de la population mais aussi exacerber la méfiance de celle-ci à l'égard

1. V., sur les conditions d'adoption de cette loi ayant fusionné les jurés et les magistrats et les jurés pour statuer sur la culpabilité de l'accusé, R. Vouin, « Le destin de la cour d'assises française », in *Le jury face au droit pénal*, Journées Jean Dabin, Bruxelles, É. Bruylant, 1967, p. 131-148.
2. Loi n° 86-1200 du 9 sept. 1986 relative à la lutte contre le terrorisme.
3. Loi n° 92-1336 du 16 déc. 1992 relative à l'entrée en vigueur du nouveau Code pénal et à la modification de certaines dispositions de droit pénal et de procédure pénale rendue nécessaire par cette entrée en vigueur.
4. V., pour une critique de cette évolution qui semble de profiler à court terme, B. Fiorini, « Jugement des meurtres sur fond de narcotrafic : "Protégeons le jury populaire plutôt que le supprimer !" », *Le Monde* 12 mai 2024.

de l'institution judiciaire. À tout cela, il faut ajouter la résonance des réseaux sociaux et les émissions « hanounesques » qui creusent encore le fossé entre la justice et les citoyen.ne.s en brouillant les repères juridiques et moraux.

D'un point de vue pratique, pour l'avocat.e, le jury incarne l'oralité et le contradictoire (I), mais aussi la possibilité d'un regard fraternel sur l'accusé.e et la victime (II).

I. LE JURY : GARANT DE L'ORALITÉ DES DÉBATS ET DU CONTRADICTOIRE

« Les jurés sont plus exigeants et rigoureux que des juges professionnels car rien n'est implicite pour eux[5] », affirme l'ancien président de cour d'assises Dominique Coujard avec l'approbation des avocat.e.s Karine Bourdié et Romain Boulet[6], coprésidents de l'Association des avocats pénalistes (ADAP). La fraîcheur des juré.e.s tranche avec l'écoute parfois usée des magistrats, de sorte que leur inexpérience constitue *in fine* une garantie d'impartialité et de respect des exigences du procès équitable[7].

Pour comprendre l'importance de l'oralité et sa plus-value par rapport à une procédure écrite, il suffit de relire le discours du député Duport, prononcé devant l'Assemblée nationale constituante le 27 novembre 1790 :

> « Lorsqu'un juge voit lui-même et entend les témoins déposer, les paroles ne sont plus qu'une partie, assez faible même, de l'effet que le témoignage produit sur lui. Ses sens lui transmettent à la fois le ton, l'accent, les regards du témoin, son embarras ou son assurance, enfin tout ce langage, animé de la nature et du sentiment, cent fois plus imprégné de vérité, si je puis parler ainsi, que la langue métaphysique et conventionnelle des mots. Il peut observer si tout est d'accord dans ces différentes expressions de la pensée des hommes ; sa conviction se forme de tous ces éléments ; de la part du juge, toutes les facultés humaines sont appelées à concourir au jugement ; et la moins fautive de toutes, la conscience d'un juge désintéressé devient un tribunal souverain, où se rapportent toutes les opérations de l'esprit et des sens pour former la décision. Si, au contraire, le juge cesse de porter ses regards sur ces preuves vivantes et réelles de la vérité ; s'il n'a plus sous les yeux qu'une procédure écrite et muette ; s'il ne peut plus fonder sa confiance dans le témoignage, sur la confiance qu'il a dans le témoin ; s'il est forcé de prendre ce qui est écrit pour une donnée certaine, sa conviction personnelle s'isole de son jugement, sa conscience cesse d'y avoir part : ce n'est plus l'homme qui

5. O. Dufour, « Qui a peur du jury populaire ? », *Gaz. Pal.* 2018, n° 10, p. 6.
6. K. Bourdié et R. Boulet, « Il nous semble indispensable que la justice criminelle reste sous le contrôle du citoyen », *Journal du Dimanche* 3 déc. 2022.
7. B. Fiorini, « L'éviction du jury populaire : un recul pour la qualité de la justice », *Lexbase Avocats* 2024, n° 351.

agit et pense, c'est le juge qui opère. C'est un pur problème de l'esprit qu'il résout, et pour la solution duquel il est bien obligé de se faire des règles et des formules de probabilité. Les juges, par cette méthode, ne sont plus, à proprement parler, que des experts chargés de chercher, dans un cahier de procédures, si les preuves requises y sont renfermées ; mais l'appréciation morale de ces preuves leur est, non pas interdite, mais impossible. [...] Ces preuves, avant d'être employées, sont éprouvées, non pas avec la vérité, mais avec la loi. Le juge s'embarrasse peu de savoir comment les choses se sont réellement passées, mais seulement de chercher comment on prouve qu'elles se sont passées ; ainsi la vérité n'est plus un être réellement existant, mais un être fantastique et de convention, dont chacun se forme l'idée abusive[8]. »

Il en ressort que la présence des juré.e.s, c'est avant tout l'obligation pour toutes les parties et tous les acteurs et actrices du procès de tout expliciter, la pédagogie étant nécessaire à une bonne compréhension des enjeux juridiques et factuels du procès criminel.

Le déroulement de l'enquête va être expliqué. Par exemple, va être questionné le directeur d'enquête, qui a été au plus près de l'affaire et des parties quant à son expérience, à son sentiment sur l'affaire ou ses choix de recherche ou d'enquête. C'est ainsi que l'on va comprendre le cheminement des premières investigations qui ont amené la justice à être saisie.

La procédure va également être expliquée (qu'est-ce qu'un juge d'instruction? une demande de mise en liberté? la chambre de l'instruction?). Par exemple, il est courant aux assises que le ou la président.e remarque le nombre de demandes de mise en liberté faites ou non durant l'instruction. Cela est déterminant quant au positionnement de l'accusé.e au regard de son innocence ou de sa culpabilité et va faire image tant chez le professionnel que chez les juré.e.s

Les expertises vont aussi donner lieu à de longues explications, qu'elles soient psychiatriques, médico-psychologique, ou encore techniques. Par exemple la technicité de l'ADN est extrêmement complexe car sa découverte sur une scène de crime n'entraine pas *ipso facto* la culpabilité de telle ou telle personne. Autre exemple : l'abolition ou l'altération du discernement de l'accusé.e au moment de la commission des faits peut être déterminante ; les explications de l'expert et les questions des juré.es, sans les certitudes des professionnel.le.s vont largement éclairer le délibéré.

C'est enfin le droit en tant que tel qui va être expliqué. Je prendrais l'exemple de la première fois qu'il a été reconnu par une cour d'assises un viol lesbophobe[9], audience durant laquelle il a dû être explicité les termes de

8. Archives parlementaires de 1787 à 1860, 1re série, t. XXI, séance du 27 nov. 1790 (matin), p. 56.
9. Z. Dryef, « Viol d'une jeune femme lesbienne : le caractère homophobe retenu », *Le Monde* 28 mai 2021.

l'article 132-77 du Code pénal[10] : ces explications ont permis de convaincre non seulement les juré.es mais aussi les juges professionnel.le.s. Il faut que ces explications se fassent de façon contradictoire, c'est-à-dire débattue. C'est de ce débat contradictoire que ressortira la vérité judiciaire.

Le rapport de l'Institut des études et de la recherche sur le droit et la justice (IERDJ)[11] indique que l'oralité des débats et le contradictoire ont été respectés au cours des audiences des cours criminelles durant la phase expérimentale. Beaucoup de retours d'expérience de terrain nous rapportaient que l'absence de juré.e.s entrainait (1) la perte de solennité (tirage au sort, prestations de serment, rappel de la fonction du doute) ; (2) l'« entre-soi » du monde judiciaire (tenue pour lu, évidence, non-dit) ; (3) le raccourcissement du temps de l'audience et du délibéré (généralement moins d'une heure pour condamner une personne à une peine de réclusion criminelle pouvant atteindre vingt ans) ; (4) la réduction du nombre de témoins cités, y compris parfois le responsable de l'enquête policière ; (5) la réduction, voire l'absence d'experts cités ; (6) le désintéressement des deux juges professionnel.le.s supplémentaires (très souvent magistrats honoraires ou magistrats à titre temporaire) ; (7) le « tenu pour acquis » des expertises ; (7) la mise à distance de l'accusé.e, de la victime (mais aussi les familles et les proches), qui, de fait, voient leur procès se faire un peu loin d'eux ou d'elles.

À cela s'ajoute la présence du dossier durant le délibéré (article 380-19, 5° du Code de procédure pénale), durant lequel, de toute évidence, il sera lu durant ce délibéré des éléments qui n'auront pas été débattus – bien que cela soit en principe défendu par l'article préliminaire du Code de procédure pénale qui consacre le principe du contradictoire, comme la chambre criminelle de la Cour de cassation l'a d'ailleurs relevé[12].

Maintenant que l'expérimentation est terminée et n'est plus dans le collimateur des observateurs, la volonté de « bien faire » de la part de l'ensemble des partenaires de justice s'estompe, y compris par les avocat.e.s. À cela va s'ajouter quatre problèmes évoqués dans le rapport rendu par le comité d'évaluation et de suivi de la cour criminelle départementale[13], à savoir :

---

10. C. pén., art. 132-77 : « Lorsqu'un crime ou un délit est précédé, accompagné ou suivi de propos, écrits, images, objets ou actes de toute nature qui soit portent atteinte à l'honneur ou à la considération de la victime ou d'un groupe de personnes dont fait partie la victime à raison de son sexe, son orientation sexuelle ou identité de genre vraie ou supposée, soit établissent que les faits ont été commis contre la victime pour l'une de ces raisons, le maximum de la peine privative de liberté encourue est relevé ainsi qu'il suit [...]. »

11. C. Besnier (dir.), *De l'expérimentation des cours criminelles départementales. Une réforme souhaitable mais non sans risques (2019-2022)*, IERDJ, déc. 2022.

12. Crim. 20 sept. 2023 (QPC), n° 23-84.320 : « devant la cour criminelle départementale, les débats sont soumis aux mêmes règles que devant la cour d'assises et que la faculté, pour des juges professionnels, de consulter le dossier de la procédure au cours de leur délibéré ne porte pas atteinte à l'oralité des débats à l'audience ».

13. B. Fiorini, « Le bilan calamiteux des cours criminelles départementales. Analyse critique du dernier rapport d'évaluation », *Lexbase pénal* 2022, n° 54.

(1) l'absence de moyens (juges, greffiers, salles d'audience disponibles); (2) la dé-correctionnalisation qui, si elle s'amorçait dans certaines juridictions, allongerait mécaniquement des délais d'audiencement déjà insupportables; (3) le ralentissement du jugement des affaires avec des accusés détenus aux assises et des accusés non détenus en général, en raison du délai de détention provisoire écourté (six mois renouvelable une fois) prévu pour les cours criminelles départementales par rapport aux assises; (4) la surcharge des chambres de l'instruction en raison de ce court délai.

II. LE REGARD FRATERNEL

Au-delà de la mise à distance de l'accusé.e ou de la victime, il y a aussi la façon dont ils se sentent regardés. Le regard de cinq professionnel.e.s ou de neuf personnes dont six tirées au sort parmi la population dont il ou elle fait partie, n'est pas le même et n'est donc pas ressenti de la même façon. Le regard de l'intime conviction de nos pairs qui se pose sur les paroles, les faits, la culpabilité, la peine... ne peut s'identifier par les parties à celui de cinq robes noires.

« J'ai été jugé par des gens comme moi », n'ont cessé de me dire mes accusé.e.s ou parties civiles depuis 36 années de carrière. C'est pour la victime une reconnaissance pleine et entière de sa parole. Symétriquement, « l'accusé fait sien le verdict parce qu'il a accès aux mêmes émotions que toutes les personnes présentes dans la salle[14] ». Il ou elle reconnait (ou commence à reconnaitre) sa culpabilité. Il ou elle comprend et appréhende la peine à laquelle il ou elle a été condamné.e avec toutes les implications pratiques de l'exécution de cette peine en prison. Et je ne parle même pas des effets, à long terme, sur le risque de récidive.

Cette idée associant jury et fraternité, éprouvée chaque jour par les praticiens des assises, n'est pas nouvelle. Le 29 mars 1790, le député Duport s'exprimait déjà en ces termes devant l'Assemblée nationale constituante, qui allait justement faire de l'intervention du jury criminel le centre de la procédure pénale :

> « Cette institution sainte des jurés peut seule bannir du cœur d'un citoyen la crainte et la nombreuse escorte de vices qui la suivent, et lui donner cette confiance, principe de toutes les affections généreuses, en lui assurant sa vie, sa fortune, sa liberté, son honneur : c'est elle qui fait sentir à l'homme qu'il n'est pas seul sur la terre; qu'il existe pour lui une protection contre l'injustice, et que cette protection il la trouvera parmi ceux qui l'environnent, parmi des voisins qui ne demandent, en retour, qu'une disposition semblable de sa part. Voilà le vrai moyen de donner

14. F. Berton, S. Cantéro et C. de Oliveira, « Vers la fin de la cour d'assises », *Le Monde* 5 juin 2020.

> aux hommes des mœurs, une humanité profonde, l'amour de l'égalité, de la fraternité, et ce caractère fier et élevé qui ne s'est altéré chez nous que depuis que nous avons cessé de posséder l'institution des jurés, et que le règne de la chicane leur a succédé[15]. »

Difficile de ne pas être admiratif de cette clairvoyance plus que bicentenaire.

Pour conclure en évoquant le cas du garde des Sceaux ayant ouvert la voie à la généralisation des cours criminelles départementales, à savoir Éric Dupond-Moretti, il est dommage que n'ait pas été convoqué à ce superbe colloque un.e psychanalyste auquel.le on poserait la question de savoir pourquoi un bébé casse son ancien jouet préféré, c'est-à-dire la cour d'assises. Une réponse lacanienne serait « il a toujours conchié les juré.e.s populaires ». La réponse freudienne serait « on désire toujours la mort de ce qui nous a apporté gloire et amour ».

15. Archives parlementaires de 1787 à 1860, 1re série, t. XII, séance du 29 mars 1790, p. 436.

TROISIÈME PARTIE

La légitimité du jury criminel

Tocqueville et l'enjeu politique du jury populaire : la leçon de l'Amérique

BRUNO HUEBER

Docteur en philosophie politique,
chargé de cours à l'Université François Rabelais de Tours

« Ce serait singulièrement réduire sa pensée que de se borner à envisager le jury comme une institution judiciaire ; car, s'il exerce une grande influence sur le sort des procès, il en exerce une bien plus grande encore sur les destinées de la société. Le jury est donc avant tout une institution politique. C'est à ce point de vue qu'il faut toujours se placer pour le juger[1]. »

En 1835, Alexis de Tocqueville publie chez l'éditeur Gosselin la première partie d'une œuvre intitulée *De la Démocratie en Amérique*. Cela lui vaut un succès aussi franc qu'inattendu auprès d'un public lettré et intéressé. La seconde partie paraîtra en 1840, plus abstraite sans doute, le reconnaît-il, et l'accueil, cette fois, d'ailleurs, en sera-t-il plus réservé. Toujours est-il que cet ouvrage fait suite à un voyage qui amena ce fils d'une vieille famille normande par son père, descendant du prestigieux Malesherbes par sa mère,

1. Toutes les références des pages ci-dessous renvoient à l'édition des *Œuvres complètes* de cet auteur chez Gallimard, sous la direction de J.-P. Mayer (18 tomes et 32 volumes) et que nous abrégerons par l'indication *O. C. De la Démocratie en Amérique* fait ainsi l'objet du tome I en deux volumes de ces *Œuvres complètes* (*O. C.*, I, 1, et I, 2, donc).
Pour cette citation, la référence est *O. C.*, I, 1, p. 283. Notons que l'idée de l'enjeu politique du jury se retrouve chez son mentor P.-P. Royer-Collard (1763-1845), *O. C.*, XI, p. 99-101. Concernant le personnage lui-même, nous renvoyons ici à une récente biographie, O. Zunz, *Tocqueville, l'homme qui comprit la démocratie*, Fayard, 2023. Pour ce qui est des rapports entre l'Amérique et la France, en matière de justice, ainsi que le rapport de celle-ci avec le politique, v. A. Garapon et I. Papadopoulos, *Juger en Amérique et en France*, Odile Jacob, 2003. Ainsi donc, p. 316 : « Malgré son irrationalité et le caractère capricieux et erratique de ses verdicts – si souvent dénoncé par les acteurs économiques –, le jury est la mise en forme américaine du politique par excellence. »

accompagné de son fidèle ami Gustave de Beaumont, à parcourir les États-Unis (ainsi que le Bas-Canada) pendant plus de neuf mois, entre mai 1831 et février 1832. Son objet officiel, ou son « prétexte[2] » ? Il s'agissait ni plus ni moins, après avoir obtenu le congé sans solde nécessaire de son ministre de tutelle, d'aller étudier le système pénitentiaire américain et ses possibilités d'adaptation à celui de la France. Une tâche dont les deux compagnons s'acquitteront avec succès. Le rapport qui a pour titre *Le système pénitentiaire aux États-Unis et son application en France*, publié en 1833, fera d'eux les récipiendaires du prix Monthyon, et fit de Tocqueville un spécialiste européen du pénitentiaire, aussi connu que critiqué au demeurant pour ses positions peu soucieuses de « philanthropie[3] ». Par-delà le prétexte donc, quel est alors son projet ? D'une part, partir du principe que l'Amérique est une démocratie au sens d'un état social reposant sur l'égalité des conditions. D'autre part, prétendre que l'exemple américain atteste qu'une dite démocratie peut être une société de libertés, quoique sous conditions. Enfin, en prenant, en bon comparatiste, toute la mesure de la spécificité de ce pays[4], s'adressant à un public cultivé, voire de décideurs, s'agit-il d'en tirer des leçons pour le devenir des nations de la vieille Europe.

Et c'est bien dans ce cadre qu'il veut souligner la valeur politique des plus précieuses du jury populaire, institution américaine essentielle s'il en est. Tenons-en pour preuve, aussi, et Tocqueville ne l'ignore pas, qu'en leur temps, les auteurs du *Fédéraliste*, sous le pseudonyme de Publius, récusaient-ils déjà sèchement l'accusation « fourbe » de leurs adversaires laissant entendre qu'ils auraient songé à fragiliser, et au premier chef en matière pénale, cette institution du jury. C'est donc bien que les deux camps, à l'heure de la ratification de la Constitution américaine, étaient du moins d'accord, tous deux, sur la valeur de celle-ci[5].

Toujours est-il qu'à parcourir les pages, dans l'œuvre de Tocqueville, consacrées à ce sujet, peut-on distinguer trois argumentaires quelque peu différents en faveur de ce jury populaire, aussi entrelacés soient-ils. Le premier, libéral, se veut soucieux de la défense de l'individu (I), le second, républicain, de la cohérence des institutions avec le principe d'un peuple souverain (II), le troisième enfin, de l'implication, de l'éducation ou de la participation citoyenne (III).

2. V. une lettre à L. de Kergorlay de janvier 1835, *O. C.*, XIII, 1, p. 374.
3. Sur cet aspect de son œuvre, v. *O. C.*, II, vol. 1 et 2.
4. Sur la prise en compte de la spécificité américaine, v., entre autres, *O. C.*, I, 2, p. 41-46.
5. V. *Le Fédéraliste*, Classique Garnier, édition d'Anne Amiel, 2012, p. 594-608. Cette adresse, la dernière de l'ouvrage, est rédigée par A. Hamilton et datée du 28 mai 1788.

I. UNE EXIGENCE LIBÉRALE[6]

Tocqueville s'est toujours voulu un libéral, voire « d'une espèce nouvelle[7] ». Et c'est bien comme tel que le jury populaire retient son attention. Or, si cette appellation de libéral peut recouvrir bien des choses, disons seulement ici qu'elle renvoie à un certain nombre de droits fondamentaux qui ont pour fonction première de préserver l'individu de l'arbitraire. Ces droits, les énumère-t-il en rendant compte de la Constitution du Connecticut qui remonte à pas moins que 1650.

> « Les principes généraux sur lesquels reposent les constitutions modernes, ces principes, que la plupart des Européens du XVIIIe siècle comprenaient à peine et qui triomphaient alors incomplètement en Grande-Bretagne, sont tous reconnus et fixés par les lois de la Nouvelle-Angleterre : l'intervention du peuple dans les affaires publiques, le vote libre de l'impôt, la responsabilité des agents du pouvoir, la liberté individuelle et le jugement par jury, y sont établis sans discussion et en fait[8]. »

Or, tout pouvoir, c'est bien là l'inquiétude native du libéralisme, quelle qu'en soit l'origine ou la légitimité initiale, tend à se renforcer, à élargir son action et accroître son intensité, sous les formes les plus brutales comme les plus insensibles ou les plus doucereuses[9]. Et c'est conséquemment que les pages, dans *La Démocratie*, abordant la question du jury, s'inscrivent précisément dans un chapitre consacré à la question des éléments à même de « tempérer » la « tyrannie » qu'il découvre en Amérique : celle de la majorité. Ces remparts ou boucliers sont ainsi au nombre de trois. Après l'absence de centralisation administrative, après « l'esprit légiste », si respectable en son souci prudent des formes, à l'encontre d'un volontarisme impulsif ou excessif du pouvoir, voici donc, avec le jury populaire, une troisième garantie possible contre les emportements plus ou moins sournois de l'État.

Quelques précisions sont ici nécessaires. Écrire que le jury est une garantie libérale, qui a donc sa place nécessaire aussi bien en Amérique qu'ailleurs, est bien évidemment une façon de reconduire une tradition anglophile, en France, qui remonte peu ou prou au XVIIIe siècle[10]. On n'en attendait pas

6. Pour une lecture classique de ce problème, v. L. Jaume, « Tocqueville et la perspective libérale sur le jury », *Histoire de la justice* 2000/1, n° 13, p. 111 à 124.
7. V. une lettre à Eugène Stöffels du 24 juill. 1836 (*O. C.*, XVII, 1, p. 296), ou encore à Henry Reeve du 22 mars 1837 (*O. C.*, VI, 1, p. 37-38).
8. *O. C.*, I, 1, p. 38. V. aussi une note au comte de Chambord datée du 14 janv. 1852, *O. C.*, III, 3, p. 469.
9. V. *O. C.*, I, 2, p. 301, note 1.
10. Sur ce problème, v., d'une part, S. Soleil, « Le jury criminel en procès. Les opinions doctrinales des auteurs français (1750-1830) », *Revista brasileira de direito processual penal* mai-août 2021, vol. 7, n° 2, p. 763-800 et, d'autre part, L. de Carbonnières, « Tangentes ou parallèles? Les destinées du jury français et du jury anglais (XVIIIe-XXIe siècles) », *Cah. just.* 2012/1, n° 1, p. 83-95.

moins d'un admirateur de Montesquieu. Et peu importe ici, à tout prendre, de ce qu'il en est de l'exactitude ou de la fantasmatique de la perception de ce jury anglais, en France, ainsi que de sa véritable efficace libérale. L'essentiel est de le voir comme le *Schibboleth* d'une société à même de se montrer soucieuse d'institutions capables d'obvier à l'*hybris* de tout pouvoir en place : celui du peuple tout comme celui d'un monarque.

Qui plus est, la façon pour Tocqueville de *monter* dans l'argumentation mérite d'être soulignée. Si le jury est donc une institution difficilement réfutable, ce n'est pas, au premier chef, parce qu'elle serait comme telle anglaise, mais bien plutôt parce qu'elle a su, en tout état de cause, au travers des siècles, démontrer sa pertinence, comme symbole et marqueur, ni plus ni moins, de civilisation. C'est la tradition au fond, mais une tradition entendue comme une expérience dynamique accumulée au travers des générations, qui trouve ici sa légitimité. Et Tocqueville qui, par ailleurs, sait reconnaître l'importance des « croyances dogmatiques », de ce qui échappe à la corrosion d'une raison trop critique, n'est plus très loin ici de la position d'un libéral conservateur comme E. Burke, l'auteur des *Réflexions sur la Révolution française*, célébrant sans complexe la sagesse des préjugés contre les abstractions sans doute liberticides à terme de la raison[11].

Ajoutons qu'en 1842, à l'Académie des sciences morales et politiques où il siège depuis 1839, est-il amené à rapporter deux ouvrages. Dans ceux-ci, il y est encore question du jury, soit chez les Romains, soit en Normandie au Moyen Âge. Le premier est d'Alphonse Lebastard-Delisle, le second est de Joseph-Laurent Couppey, les deux auteurs étant des juristes de profession. Et, tout en distinguant soigneusement les formes du jury chez l'un et l'autre, au regard du présent, Tocqueville ne laisse-t-il pas de réitérer, en conclusion, sa conviction de 1836 :

> « Voulez-vous juger de la liberté réelle dont jouit un peuple, ne considérez pas seulement la part qu'il prend au gouvernement, mais encore celle qu'il prend sur la décision des procès. Ce sont là deux attributs essentiels et indispensables de la puissance publique ; qui perd l'un ne tardera pas à perdre l'autre, et en général, les peuples possèdent à la fois l'un et l'autre, ou sont privés à la fois de tous les deux.
>
> Il ne faut donc pas s'étonner si toutes les nations qui ont été libres ont remis en tout ou en partie l'exercice du pouvoir judiciaire, en matière criminelle, aux citoyens eux-mêmes, puisqu'il n'y a de nation libre qu'à cette condition, et qu'il n'y a pas de nations libres qui ne l'ait remplie[12]. »

De l'antiquité au monde moderne, la leçon est bien la même : et ce qu'observait Tocqueville en Amérique se voit ainsi confirmé par l'érudition historique. Reste à comprendre que ce jury ne sera véritablement garant de

11. V. E. Burke (1729-1797), *Réflexions sur la révolution de France*, Hachettes littératures, 1989, p. 110-111. V., chez Tocqueville, pour ce qui est de la nécessité individuelle et collective des « croyances dogmatiques », *O. C.*, I, 2, p. 16-17.
12. *O. C.*, XVI, p. 183-184.

libertés que pour autant que la puissance judiciaire se montre elle-même indépendante du pouvoir, et le corps législatif, à l'abri, pour son compte, des passions d'une majorité immature. Faute de quoi, à lui tout seul, le jury ne saurait-il être toujours que la reconduction de la tyrannie : celle de la majorité tout autant que celle d'un seul[13].

II. UNE EXIGENCE RÉPUBLICAINE

> « Chaque citoyen américain est électeur, éligible et juré. Le système du jury, tel qu'on l'entend en Amérique, me paraît une conséquence aussi directe et aussi extrême du dogme de la souveraineté du peuple que le vote universel. Ce sont deux moyens également puissants de faire régner la majorité[14]. »

Cela étant, trouve-t-on, dans le propos de Tocqueville, une seconde façon de justifier l'existence du jury. Ce dernier est désormais, ni plus ni moins, que l'expression républicaine cohérente et nécessaire du principe générateur de la souveraineté du peuple[15]. Une cohérence qui doit très concrètement s'exprimer d'ailleurs par une congruence aussi exacte que possible entre la liste des jurés tirés au sort et celle des électeurs[16].

Notons encore, que si l'Amérique est bien une République, celle-ci n'a pas grand-chose à voir avec les idées dangereuses de ceux qui, en France, « socialistes », en font l'objet d'une incantation quelque peu subversive ou délétère. Tocqueville veut le faire comprendre sans ambages.

> « Ce qu'on entend par république aux États-Unis, c'est l'action lente et tranquille de la société sur elle-même. C'est un état régulier fondé réellement sur la volonté éclairée du peuple. C'est un gouvernement conciliateur, où les résolutions se mûrissent longuement, se discutent avec lenteur et s'exécutent avec maturité[17]. »

Encore faut-il, enfin, selon lui, qui reste bien, là encore, un libéral, que cette souveraineté d'un peuple elle-même reconnaisse ses limites, et au premier chef pour ce qui est de l'idée de Justice[18], et qu'elle sache s'aménager d'un point de vue institutionnel pour éviter de se muer en un nouvel absolutisme bien pire que celui de l'Ancien Régime.

Cela étant posé, la réalité de la présence du peuple comme réalité politique localisable est-elle chose suffisamment précieuse pour que l'on n'en néglige

---

13. V. *O. C.*, I, 1, p. 263-264.
14. *O. C.*, I, 1, p. 284.
15. Ce principe de la souveraineté du peuple, l'affirme-t-il d'ailleurs, « se trouve toujours plus ou moins au fond de presque toutes les institutions humaines » (*O. C.*, I, 1, p. 54).
16. V. *O. C.*, I, 1, p. 73 et 285.
17. *O. C.*, I, 1, p. 412.
18. *O. C.*, I, 1, p. 261-262.

aucune occurrence possible. Certes, cette souveraineté est bien effective dans les communes de la Nouvelle Angleterre, composées de deux à trois mille habitants[19]. Avec le descriptif de celles-ci, assistons-nous curieusement chez cet aristocrate à l'expression sincère d'un émerveillement devant une telle expression directe d'un peuple éclairé, religieux et vertueux. Cela étant, que cette réalité politique soit des plus fragiles au regard du pouvoir gouvernemental central, dès lors que les mœurs nécessaires ne sont plus là pour en assurer la pérennité, est encore une évidence.

Mais d'où viennent la force et la nature d'un tel principe de la souveraineté? Ni plus ni moins que d'une certaine idée de l'individu. Celle qui veut qu'il soit « le meilleur comme le seul juge de son intérêt particulier et que la société n'a le droit de diriger son action que quand elle se sent lésée par son fait, ou lorsqu'elle a besoin de réclamer son concours[20] ». Or, Tocqueville n'hésite pas à conclure que ce principe universellement admis et respecté aux États-Unis nous aide à comprendre que la commune serait exactement dans le même rapport que l'individu au gouvernement central. De même que l'individu détient une portion de la souveraineté totale, et doit participer en l'espèce à son exercice, de même la commune est une portion de la souveraineté nationale, et doit participer comme telle à celle-ci. Et de conclure alors : « La liberté communale découle donc aux États-Unis, du dogme même de la souveraineté du peuple[21]. » On ne pourrait mieux dire que la République ne peut être que décentralisée, pour autant qu'elle veuille prendre acte que les collectifs locaux sont semblables à des individus.

Mais dès lors que l'on quitte l'espace de cette commune, réalité « naturelle » et figure d'une république ou d'une démocratie directe, où et comment peut-on voir en acte cette fameuse souveraineté du peuple?

Eh bien, certes, lorsque le corps des électeurs est invité à élire ses *représentants* qui incarneront une souveraineté définie comme le pouvoir de faire les lois. Or, représenter le peuple, c'est vouloir ce que veut le peuple comme il devrait le vouloir[22]. Le maître mot, ici, n'est donc pas le mandat impératif, la simple délégation, mais tout uniment la confiance.

Ce qui ne signifie certes pas que Tocqueville ait le sentiment que le jeu des partis et les brigues qui ne laissent pas de précéder ces élections soient des plus sains. Pas plus que n'est satisfaisante une vie politique qui ne laisserait au citoyen d'autre expression que celle qui consiste à déposer son bulletin dans l'urne à intervalles réguliers. Une pensée républicaine et démocratique ne saurait s'en tenir quitte ainsi à si bon compte avec le problème de la légitimité du pouvoir.

19. V. *O. C.*, I. 1, p. 60-67.
20. *Ibid.*, p. 63.
21. *O. C.*, I, 1, p. 64.
22. V., sur la distinction décisive entre *délégation* et *représentation*, deux lettres échangées entre novembre et décembre 1835 avec John Stuart Mill (1806-1873), *O. C.*, VI, 1, p. 302-306.

Ajoutons qu'avec Tocqueville, cette présence du peuple n'a pas nécessairement à s'attester dans l'armée par une conscription plus ou moins généralisée : tant s'en faut! Et de se féliciter que les Américains, pour leur compte, et de par leur situation géographique, au regard de son coût politique, économique et démographique, n'aient pas besoin de recourir à une telle institution. Qui plus est, il ne faut rien de moins que son ambition profonde de mettre en garde les peuples modernes contre une physionomie nouvelle de la servitude, comme il l'exprime dans la quatrième partie de cette seconde partie, pour ne pas déclarer sèchement que les sociétés modernes sont avant tout appelées à périr de leurs armées[23]. Non décidément, sommes-nous très loin, avec Tocqueville, qui parle là bien plus en libéral qu'en républicain, il est vrai, de l'armée nouvelle d'un Jaurès ou du rôle social de l'office du maréchal Lyautey.

Mais voici donc la présence active des citoyens dans les tribunaux. Et Tocqueville, qui, d'ordinaire, ne se soucie que fort peu des références à l'Antiquité, face, ici, aux critiques formulées par des proches, Guizot, Thiers ou le duc de Broglie, n'hésite pas à s'en réclamer. Ainsi toujours à propos de l'ouvrage de Le Bastard-Delisle, déjà évoqué ci-dessus, peut-il écrire :

> « Il est utile au moment où beaucoup pensent et où quelques-uns osent dire que le jury n'est pas compatible avec la bonne administration de la justice non plus qu'avec le maintien de l'ordre, et que ne pouvant le détruire, il faut au moins le restreindre, il est utile, disons-nous, de faire voir que ce même jury constitué par le sort et pris comme chez nous parmi la foule, c'est-à-dire l'opinion publique dans son élément le plus variable, introduit au sein de la justice, ont existé pendant des siècles au milieu de la société la mieux réglée qui fût jamais, la société romaine des beaux temps de la république[24]. »

Lui-même d'ailleurs, quitte à en rendre compte avec une certaine ironie ou galanterie[25], devra s'acquitter de cette fonction qui ne requiert ni les qualités du soldat-citoyen, ni celle du *nomothète*, ni celui d'un membre de l'exécutif aux « Affaires ». La chose est d'importance : l'exigence épistémique est sans doute ici suffisamment faible, pour que toute personne déclarée citoyenne soit à même, de ce fait, mise en situation de délibération avec d'autres, dans la proximité des magistrats, à l'écoute attentive de l'acte d'accusation, des

23. V. *O. C.*, I, 2, 276. « Après tout, et quoi qu'on fasse, une grande armée, au sein d'un peuple démocratique, sera toujours un grand péril; et le moyen le plus efficace de diminuer ce péril sera de réduire l'armée; mais c'est un remède dont il n'est pas donné à tous les peuples de pouvoir user. » V. aussi dans l'édition d'après les manuscrits d'E. Nolla chez Vrin, 1990, en deux volumes, vol. II, p. 224, m : « Plus j'y réfléchis et plus je pense que c'est par les armées que les démocraties périront, que c'est là le grand danger des temps modernes, la chance du despotisme démocratique pour l'avenir. »

24. *O. C.*, XVII, p. 172.

25. V. *O. C.*, XVII, 1, p. 365-367. Lettre à Cordélia de Castellane (fin déc. 1837 ou début janv. 1838).

témoignages, de la défense, de participer *in fine* de façon crédible au verdict[26]. Quand bien même donc, la souveraineté du peuple réside-t-elle pour Tocqueville comme pour Rousseau, comme pour tout véritable Républicain, dans le pouvoir de faire les lois, donc dans le Parlement, et certes pas dans l'exécutif, cela ne signifie pas que l'on puisse passer par pertes et profits le renoncement à ses autres lieux d'attestation[27].

III. UNE EXIGENCE DÉMOCRATIQUE

> « Le jury apprend à chaque homme à ne pas reculer devant la responsabilité de ses propres actes ; disposition virile, sans laquelle il n'y a pas de vertu politique[28]. »

Pour autant que la démocratie puisse se donner, non pas seulement comme un état social, celui de l'égalité des conditions, mais aussi bien comme une société de liberté, encore faut-il que les citoyens attestent, pour ce faire, de certaines mœurs. Des mœurs à même d'obvier aussi bien à la tyrannie d'un pouvoir sachant compter sur l'inertie d'un « troupeau d'hommes timides et industrieux » qu'à la pression d'une opinion publique bien plus impitoyable et intrusive que l'Inquisition en son temps[29]. Et parmi les institutions nécessaires au développement d'une conscience civique, y est-il effectivement de nouveau question du jury.

Or, sommes-nous amenés à faire face à ce qui n'est rien de moins qu'une faiblesse civique constitutive de la démocratie. En l'espèce, n'est-ce pas tant l'anarchie que Tocqueville redoute le plus pour notre modernité, contrairement aux cris d'orfraie du pouvoir qui se fait fort de jouer de cette crainte, sinon de l'entretenir. Non, ce qui l'inquiète serait presque son contraire : la perspective de l'inertie d'une société où chacun se retire dans sa sphère privée, encouragé que trop en ce sens encore par les gouvernants.

> « Il [le despotisme] appelle esprits turbulents et inquiets ceux qui prétendent unir leurs efforts pour créer la prospérité commune, et, changeant le sens naturel des mots, il nomme bons citoyens ceux qui se renferment étroitement en eux-mêmes[30]. »

26. Pour une analyse aussi informée que symptomatique d'une incompréhension de l'idée démocratique en faveur des jurys populaires, v. Boris Barraud, « La Justice au hasard de quelques raisons juridiques de supprimer les jurys populaires », *RID pén.* 2012. 337-341.
27. Sur l'histoire de la montée en puissance du pouvoir de l'exécutif, au détriment du législatif, si problématique ou inquiétante au regard de l'exigence libérale, républicaine ou démocratique, voir l'ouvrage infiniment précieux, tant par sa clarté que par sa précision et érudition, de Nicolas Roussellier, *La Force de gouverner. Le pouvoir exécutif en France (XIXe-XXIe siècles)*, Paris, Gallimard, coll. « NRF Essais », 2015.
28. *O. C.*, I, 1, p. 286.
29. V. *O. C.*, I, 1, p. 204-206, 222, 230, 325 et 400.
30. *O. C.*, I, 2, p. 109.

D'où vient donc cette inertie, à laquelle, pour Tocqueville, le frétillement ou la fébrilité parfois avides des petites ambitions mercantiles ne suffit pas à donner véritablement le change? Plusieurs éléments différents, quoique liés, y contribuent.

C'est d'abord un goût exacerbé pour la tranquillité publique, avant tout, et qui se fait profondément sentir à la sortie de secousses ou de révolutions, chez ceux qui possèdent et qui ont dû lutter pour posséder ce qu'ils possèdent.

C'est ensuite un repliement sur les jouissances matérielles : tendance profonde des mœurs démocratiques lors donc qu'elles ne sont pas infusées par l'esprit de religion, tant la raison, faculté pratique et critique, émancipatrice s'il en est, laisse aussi les individus sceptiques en souffrance de valeurs hautes, incapable d'assurer une quelconque exigence ou espérance métaphysique.

Voici donc ce qu'il appelle l'individualisme, forme éminente, s'il en est, de la tératologie des sociétés démocratiques, et à terme définitivement liberticide[31]. Car si une démocratie de libertés peut être fière de sa cohésion et d'elle-même, tout à fait capable de se défendre contre le despotisme du dedans et les menaces du dehors, il n'en est pas de même d'une société atomisée, composée d'individus ne songeant qu'à leurs affaires privées, et cédant trop aisément au « brillant » « des valeurs commerciales », telles que ne semble que trop bien les célébrer en France la monarchie de Juillet

Face à ce diagnostic, les remèdes que proposent Tocqueville reposent sur un principe assez simple. C'est en donnant davantage de libertés, de responsabilités, que l'on pourra donner aux individus le sens et le goût du collectif, élargir la sphère de leurs lumières et les délivrer aussi bien, chemin faisant, des idées abstraites ou des simplismes qui nourrissent l'esprit révolutionnaire. Veut-on véritablement une société moderne, libre et dynamique? Il faut impliquer les citoyens, il faut des écoles de citoyenneté et des expériences civiques : tout ce qui est nécessaire pour sortir d'une torpeur, d'une indifférence à l'endroit d'un collectif, voire d'un dégoût à l'endroit d'un pouvoir lointain et aux buts réels incertains. Où trouver donc ces écoles, ces « moments » précieux qui transforment un « troupeau d'hommes timides et industrieux dont le gouvernement est le berger » en un peuple d'individus libres et responsables? Voilà la question démocratique que Tocqueville veut poser, et qui est fort loin d'avoir perdu de son actualité.

Eh bien, disons tout d'abord que ce n'est certes pas, précisément, dans et par l'École que Tocqueville songe à la formation des citoyens. En l'espèce, pour ce libéral, acteur aux positions sans ambiguïté aucune lors de la querelle scolaire en 1854, l'État est d'abord un problème, une menace, par son éventuel monopole, de formation intrusive ou de conformation abusive des esprits[32]. Ce libéral aura beau se rallier à la République en 1848, sur ce point, il ne saurait se renier.

31. V. *O. C.*, I, 2, p. 105-106.
32. Sur ce lourd dossier de la querelle scolaire, v. *O. C.*, III, 2, p. 483-661.

Nous ne reviendrons pas ici sur la conscription et l'armée. La discipline militaire, si elle peut sortir l'individu, momentanément, de son égoïsme ordinaire, n'a rien à voir, Tocqueville en est convaincu, en tout état de cause, avec le civisme responsable qu'il appelle de ses vœux.

Ce n'est pas non plus le monde des affaires, les valeurs commerciales : loin de là. Dans une société moderne, si le commerce peut attirer les énergies les plus fortes, ce monde se contente trop aisément des libertés strictement nécessaires à leurs affaires. Pour le reste, l'esprit commercial se soucie-t-il fort peu des libertés publiques. Mais alors?

Eh bien, nous retrouvons le sens politique profond des libertés communales que Tocqueville observe aux États-Unis et qui lui apparaissant non pas seulement comme une expression démocratique fondamentale mais aussi bien comme son école même[33]. Enfin c'est là, dans cette vie locale, que l'individu obtient reconnaissance, qu'il peut satisfaire son besoin d'appartenance, et s'implique dans ces habitudes locales de libertés qui font les nations durablement libres[34].

Et c'est bien ainsi dans cette fameuse page 286 de ce premier volume de *La Démocratie en Amérique*, que l'expérience civique du juré lui apparaît-elle des plus précieuses, au civil comme au pénal, en sa dramaturgie comme en sa quotidienneté : « chacun, en jugeant son voisin, pense qu'il pourra être jugé à son tour ». Première forme, aussi intéressée qu'elle soit, de l'idée d'équité.

Voici d'abord un citoyen qui doit apprendre à ne pas reculer devant ses responsabilités. « Disposition virile, sans laquelle il n'y a pas de vertu politique. »

Voici ensuite un citoyen invité à se soucier d'autre chose que de ses intérêts immédiats, à consacrer du temps à une affaire qui concerne la société tout entière.

Voici enfin un citoyen invité à côtoyer des hommes de loi, soucieux des formes[35], fuyant la spontanéité des passions, l'impulsivité si caractéristique des masses, à s'imprégner des mœurs des « membres les plus clairs et les plus instruits et les plus éclairées des classes "élevées" ». Et cela aux États-Unis est d'autant plus chose aisée que le pouvoir et l'autorité morale du judiciaire et de la loi est une chose évidente[36].

Autant de vertus, donc, de l'institution du jury, qui compensent une éventuelle faiblesse au niveau du jugement rendu, mais dont Tocqueville, au demeurant, est tout sauf vraiment certain[37]. *In fine*, l'expérience civique que fait le juré est chose trop rare pour que l'on puisse en faire l'économie d'un point de vue politique. Non, décidément, le jury se révèle-t-il bien être une expérience politique, une « école » (reprenons le terme) gratuite de civisme, plus

33. *O. C.*, I, 1, p. 59. Contre la centralisation administrative, v. *ibid.*, p. 88.

34. V. *O. C.*, I, 1, p. 59 et I, 2, p. 110-112.

35. Sur l'importance des formes à préserver en démocratie, v. *O. C.*, I, 2, p. 331.

36. *O. C.*, I, 1, p. 70, 99-106.

37. *O. C.*, I, 1, p. 286 : « Je ne sais si le jury est utile à ceux qui ont des procès, mais je suis sûr qu'il est très utile à ceux qui les jugent. »

individualisée pourrait-on dire, mais tout aussi importante ou précieuse que peuvent l'être les institutions communales ou une culture de l'association[38].

> « De quelque manière qu'on applique le jury, il ne peut manquer d'exercer une grande influence sur le caractère national ; mais cette influence s'accroît infiniment à mesure qu'on l'introduit plus avant dans les matières civiles.
>
> Le jury, et surtout le jury civil, sert à donner à l'esprit de tous les citoyens une partie des habitudes de l'esprit du juge ; et ces habitudes sont précisément celles qui préparent le mieux le peuple à être libre[39]. »

CONCLUSION

Sans vouloir faire de Tocqueville un oracle définitif en tout – ses positions sur le statut de la femme, le colonialisme ou la condition ouvrière devraient suffire à nous préserver de cette tentation –, il n'en demeure pas moins que son œuvre reste indubitablement des plus précieuses pour repérer ce qu'il en est de la réalité des dangers, désordres et dérives de nos sociétés modernes.

La politique, pour Tocqueville, est d'abord un projet : celui d'une cinétique authentique irriguant l'ensemble le plus large du corps social, garante de progrès, d'implication, de cohésion et au premier chef de libertés. Or, le jury est précisément une de ces institutions qui, sans grand tapage, exprime et permet encore cette participation citoyenne, cette implication concrète, cette culture civique que la conscription, pour l'heure, ne peut plus prétendre assurer, et que l'École ne promeut parfois plus guère en fait, au-delà d'un discours plus ou moins opportuniste sur les « valeurs ». Une expérience civique, donc, à laquelle ne sauraient davantage suppléer des « conventions citoyennes » *ad hoc* décrétées en urgence, et dont le bilan repose par trop évidemment dans la main du prince. À tout prendre, que le devenir du jury populaire puisse être fragilisé ne peut que laisser d'apparaître comme un symptôme inquiétant des principes véritables qui président à l'évolution d'une société. Et encore plus de la façon dont on prétend désormais entendre les mots démocratie, république ou citoyenneté.

38. V. *O. C.*, I, 1, p. 59 ; I, 2, p. 111, 117.
39. *Ibid.*, p. 285-286.

La légitimité du jury populaire face à celle des magistrats professionnels

DOMINIQUE COUJARD
Ancien président de cour d'assises,
ancien président du Syndicat de la magistrature

Qu'est-ce que la légitimité? On s'accorde généralement à considérer qu'il s'agit de la conformité à un principe supérieur considéré comme juste et équitable[1].

Peut-on imaginer, en démocratie, une source de légitimité plus forte que celle du peuple souverain?

Or, la légitimité de la justice qui détermine son fondement et justifie l'obéissance qui lui est due est celle du peuple français au nom duquel elle est rendue. C'est ce rappel qui est formulé dans la formule exécutoire de toutes les décisions de justice.

Et comment mieux convaincre nos concitoyens que la justice est rendue en leur nom si ce n'est en les y faisant participer eux-mêmes? Le jury populaire est donc le lien organique réel et non symbolique qui unit la justice au peuple.

Vous comprendrez ma perplexité face à un thème qui oppose deux légitimités face à face : celle des juges d'un côté et celle des jurés de l'autre, alors qu'en réalité il n'y a qu'une légitimité : celle de la justice. Certes, on peut aborder la question en contrechamp. Les reproches dirigés contre toute entité portent, s'ils sont récurrents, une critique de légitimité. Il faut bien constater que le jury populaire, d'une part, et les magistrats professionnels, de l'autre, ont fait ou font l'objet de critiques ciblées fort différentes qui peuvent laisser croire que deux légitimités se font face. Et ce, d'autant plus

1. V. sur la question de la légitimité des juges et des jurés, D. Salas, « La légitimité démocratique du juge en question », *in* J.-P. Allinne, C. Gauvard et J.-P. Jean (dir.), *Le peuple en justice*, La Documentation française, AFHJ, coll. « Histoire de la Justice », 2014, p. 145.

que les magistrats professionnels ne sont pas les derniers à critiquer le jury populaire. Je précise tout de suite : pas tous les magistrats professionnels et pas seulement eux.

Les critiques les plus anciennes mais aussi les moins frontales à avoir été dirigées contre le jury sont les suivantes : difficulté à distinguer le fait du droit, immixtion dans le prononcé de la peine et d'autres motifs moins avouables. Pas besoin d'être psychanalyste pour deviner qu'il est pénible à certains juges de voir le jury placé en haut de l'échelle des peines alors qu'on leur laisse le « menu fretin ». L'histoire française du jury en atteste, mon expérience personnelle aussi. La cour d'assises de 1791 est l'importation pure et simple de la procédure criminelle anglaise, caractérisée par une double séparation : la première entre l'examen des charges *(grand jury)* et le jugement, la seconde entre la culpabilité et la peine, cette dernière étant prononcée par des juges professionnels. Une fois adopté en France, le principe du jury n'a cessé d'être modifié, comme si le législateur était saisi d'un « remords perpétuel », selon l'expression de Jean Pradel[2]. Le premier changement est survenu avec le Code d'instruction criminelle de 1808 qui abandonna le jury d'accusation[3] qui s'était vu reprocher de confondre les charges et les preuves et de prononcer trop de non-lieux. Il fut remplacé par la chambre d'accusation. L'articulation entre le jury et les juges connut, elle aussi, quelques vicissitudes. Le Code d'instruction criminelle avait cru bon de confier au président de la cour un résumé de l'affaire à l'issue des débats.

C'est peu dire que la culture française s'accommoda mal du *summing up* britannique (toujours en vigueur outre Manche mais très encadré quant à son contenu), tellement la partialité de certains présidents avait pu faire scandale. On supprima donc ce résumé en 1881. Alors, les jurés en roue libre se sont pris à acquitter à tour de bras – plus de 30 % des affaires dans les années 1920-1930[4]. Beaucoup trop en tout cas pour les autorités et, après divers tâtonnements, la loi du 25 novembre 1941 y mit bon ordre et établit une nouvelle combinaison, ce fut la fusion de la cour et du jury délibérant ensemble. On dira : c'est Vichy qui a mis le jury sous surveillance[5], mais en réalité, il ne s'agissait que d'échevinage, un modèle ancien et éprouvé qui fonctionnait très bien chez nous et nombre nos voisins européens.

2. J. Pradel, « Le jury en France, une histoire jamais terminée », *RID pén.* 2001. 175-179.
3. Le jury d'accusation, emprunté aux Anglais, devait déterminer si les éléments à charge contre l'accusé, réunis au cours de l'enquête, suffisaient à justifier la tenue d'un procès criminel devant le tribunal criminel départemental où siégeait le jury de jugement. Un tel jury existe encore dans certains pays, notamment dans plusieurs États américains où il porte le nom de *grand jury*.
4. L'examen des comptes généraux de l'administration de la justice criminelle montre que le taux d'acquittement aux assises est passé de 33 % en 1931 à 28 % en 1932, pour atteindre 21,7 % en 1941. V. sur ce point B. Aubusson de Cavarlay, M.-S. Huré et M.-L. Pottier, « La justice pénale en France. Résultats statistiques (1934-1952) », *Les Cahiers de l'Institut d'histoire du temps présent* 1993, n° 23, p. 183.
5. V. en ce sens M. Garçon, *Journal (1939-1945)*, Les Belles Lettres-Fayard, 2015, p. 595-596.

Permettez-moi une incidente : Nicolas Sarkozy, croyant les magistrats plus laxistes que les jurés, avait promis un échevinage très particulier en 2010 dans les tribunaux correctionnels, ou deux citoyens assesseurs prenaient place aux côtés de trois magistrats[6]. On a dû l'informer que les citoyens n'étaient pas plus sévères que les magistrats professionnels et la réforme promise n'eut pas lieu.

Personnellement, j'ai été témoin d'autres contournements du jury et aussi des premières critiques dirigées contre les juges. Comme assesseur, le premier rétrécissement du champ d'action des jurés que j'ai eu à connaître fut lors du procès dit de l'avenue Trudaine. J'étais assesseur, début décembre 1986, à ce procès qui mettait en cause quatre militants d'Action directe accusés d'avoir tué deux policiers en 1983. Dès le début du procès, après l'expulsion de Jean-Marc Rouillan, l'un des frères Halfen, Claude, avait sournoisement demandé au président s'il pouvait informer les jurés de la durée de leur protection policière, une fois le procès terminé... Ce fut un succès : la débandade fut progressive mais irrémédiable. Elle s'étala sur deux jours et le procès dut finalement être renvoyé faute pour la cour de pouvoir siéger au complet. Les précautions prises par le président Versini qui avait anticipé n'y firent rien (il avait retenu le plus grand nombre possible de jurés supplémentaires, ne laissant qu'un seul nom dans l'urne du tirage au sort pour préserver son caractère aléatoire).

Versini, qui était par ailleurs un président remarquable, n'avait pas de mots assez sévères pour la réforme Badinter qui avait étendu le recrutement des jurés aux citoyens français inscrits sur les listes électorales alors que jusque-là, ils étaient choisis parmi les notables locaux par les maires. Il brocardait ces « sélectionnés du métro » dont il suspectait l'influençabilité... Ce n'est sûrement pas le procès d'Action directe qui l'a fait changer d'avis mais la légitimité du jury s'en est trouvée affaiblie et l'affaire fut à l'origine de la loi du 9 septembre 1986 qui étendit aux affaires de terrorisme la compétence des cours d'assises spécialement composées, c'est-à-dire exclusivement composées de magistrats professionnels[7].

Ce qu'il faut noter, c'est que le jury a été choisi d'emblée comme variable d'ajustement à cette crise alors qu'on aurait peut-être pu imaginer d'autres solutions. Comme président d'assises, j'ai rapidement observé cette méfiance de la part de certains collègues – pas tous, heureusement – qui trouvaient bien des défauts au jury et s'en méfiaient grandement.

Ils voyaient dans le « "maniement" du jury » une gêne, une cause de ralentissement du flux des affaires, voire un « risque » judiciaire.

De son côté, la Chancellerie, prolongeant une réflexion initiée par Jacques Toubon (garde des Sceaux du 18 mai 1995 au 2 juin 1997), avait sollicité

6. V. sur ce point, D. Boccon-Gibod et X. Salvat, « Le bilan contrasté de la participation citoyenne au jugement de certaines affaires correctionnelles », *in* J.-P. Allinne, C. Gauvard et J.-P. Jean (dir.), *Le peuple en justice*, *op. cit.*, p. 197.
7. R. Kempf, « Les cours criminelles départementales sont des atteintes au principe de participation du peuple à l'œuvre de justice », *Le Monde* 9 févr. 2023.

notre avis sur une réforme des assises et certains collègues avaient manifesté le désir de se débarrasser du jury populaire en premier ressort pour ne le conserver qu'en appel[8]. C'était exactement le projet Toubon initial auquel la nouvelle garde des Sceaux Elizabeth Guigou n'a pas tout de suite renoncé. La réforme sera finalement abandonnée mais l'idée était bien « dans les tuyaux ».

D'autres contournements ont alors prospéré sous le regard bienveillant d'une partie de la magistrature. Les préoccupations budgétaires étant devenues l'alpha et l'oméga des politiques publiques, on découvrit que le jury était cher et cause que le traitement des affaires prenait du retard, tous inconvénients dont on ne s'était pas rendu compte pendant plus de deux cents ans. La pratique de la correctionnalisation prit des proportions grandissantes à l'initiative des parquets, soustrayant nombre de crimes au jury et réduisant encore son champ d'action. En 2011, on abaissa le nombre des jurés qui passa de neuf à six en premier ressort et de douze à neuf en appel[9]. Ce ne fut pas anodin : avec le nouveau quorum, pour qu'un accusé soit déclaré coupable, il n'est plus nécessaire que la majorité des jurés le décide. Ajoutons la rédaction par le seul président et sans approbation de la cour, de la motivation du verdict, lequel résulte, il est bon de le rappeler, du vote *secret* de chacun des jurés et de la cour, ce qui est quand même un tour de force et on constatera que, même pour de louables motifs, tout concourt à la réduction de l'importance du jury au profit des magistrats professionnels.

Vint ensuite l'idée subtile de l'« expérimentation » des cours criminelles. Ce grossier stratagème n'était que le décalque d'un procédé déjà imaginé dans le domaine nucléaire. C'est en effet pour parer la montée des mécontentements que fut décidé d'appeler « laboratoire expérimental » le projet bien réel de stockage sous-terrain des actinides, les déchets nucléaires à vie longue, à Bure, en Haute-Marne. C'est exactement la même logique qui prévaut avec les cours criminelles. Les retours très médiocres de l'expérimentation[10] n'ont pas empêché leur généralisation car la décision, là aussi, était déjà prise, obligeant au passage un garde des Sceaux à avaler son chapeau (ou plutôt son rabat)[11]. L'expérimentation d'une réforme est généralement l'annonce d'un mensonge. Si les choses continuent suivant la pente actuelle, il est très probable qu'on retrouve assez vite le projet Toubon limitant le jury aux seuls procès en appel.

---

8. C. Erhel, « Toubon présente son tribunal criminel départemental. Le projet de réforme de la cour d'assises soulève des objections parmi les professionnels de la justice », *Libération* 8 nov. 1995, p. 15.

9. Loi n° 2011-939 du 10 août 2011 sur la participation des citoyens au fonctionnement de la justice pénale et le jugement des mineurs.

10. B. Fiorini, « Le bilan calamiteux des cours criminelles départementales. Analyse critique du dernier rapport d'évaluation », *Lexbase pénal* 2022, n° 54.

11. B. Fiorini, « E. Dupond-Moretti et les jurés populaires. De l'art de raccrocher sa robe en retournant sa veste », *Actu-juridique* 15 déc. 2022.

Il faut dire que le butoir actuel des 20 ans encourus est absurde[12]. À titre d'illustration, lorsque les débats d'une cour criminelle font apparaître des éléments d'aggravation faisant bondir la peine encourue au-delà du taux de sa compétence, elle doit renvoyer le procès devant une cour d'assises (C. pr. pén., art. 380-20). Le recul constant du jury aboutira probablement un jour à sa disparition, mais pas seulement la sienne d'ailleurs, sous la pression notamment des technocrates et autres partisans de l'intelligence artificielle. C'est un vieux rêve inavoué qui se profile qui verra, avant sa totale disparition, le juge prononcer uniquement au nom de la loi, consacrant sa subordination au législatif, lui-même déjà sous l'emprise de l'exécutif.

Une question se pose vraiment : ces reculs incessants du jury auraient-ils été possibles si le corps judiciaire s'y était opposé avec force ? Il est permis d'en douter. Alors qu'ils bénéficient pourtant d'une légitimité d'emprunt, certains magistrats privilégient celle qu'ils croient tirer de leur science, ce en quoi ils se trompent car celle du jury est leur meilleure protection. À titre d'exemple, il est politiquement difficile de contester le laxisme judiciaire lorsqu'une décision est rendue par une cour d'assises. Réduire la présence du jury présente l'intérêt pour la classe médiatico-politique de mettre les juges professionnels à découvert. Ainsi, pour toutes ces raisons, la tentation d'un découplage des légitimités du jury et des juges est-elle forte. Car une justice rendue au nom du peuple français dérange les pouvoirs exécutif comme législatif.

Les magistrats professionnels ne sont pas épargnés non plus, mais le phénomène est beaucoup plus récent.

Et plus frontal.

Cela remonte à 1968, période de la naissance du syndicalisme judiciaire, encore considéré comme illégitime dans certaines enceintes. Les magistrats sont contestés par une classe politique peu encline à partager avec eux une once de légitimité, d'autant moins qu'ils n'hésitent plus à appliquer la loi à des élus qui n'y étaient pas habitués. Il est par ailleurs tentant d'imputer aux juges tous les maux de la société. Attaqués dans les médias, ils ne sont pas toujours ménagés dans les prétoires, ce qui est la marque d'une forme de délégitimation. Jusqu'à une période récente, seuls les juges étaient ciblés. Désormais, les procureurs le sont aussi – par exemple ceux du parquet national financier (PNF) –, ce qui est assez nouveau. Désormais les programmes de certains partis placent la réforme du recrutement des magistrats professionnels au rang de priorité. Il est temps d'empêcher ces démolisseurs de mener à bien leur funeste projet et, pour ce faire, il est indispensable que les magistrats professionnels revendiquent une légitimité et une seule, celle d'une justice rendue au nom du peuple français qui ne peut s'affranchir du jury populaire.

---

12. B. Fiorini, « Jury crashé... », *Gaz. Pal.* 2024, n° 3, p. 15 ; A. Botton, « Le jury populaire, tradition républicaine pour accusé privilégié », *RSC* 2024. 433 ; T. Bonifay, « Exit le jury populaire : la tradition ne fait pas le principe », *AJ pénal* 2024. 92.

Peut-on conclure sur un tel sujet? L'équilibre des pouvoirs est un champ de bataille plus actuel que jamais et ce n'est pas la rétrogradation constitutionnelle gaullienne de la justice au rang d'autorité qui y a rien changé. Derrière cet équilibre à défendre, c'est l'État de droit qui est menacé. La perspective est donc plutôt sombre dans une conjoncture d'affaiblissement des valeurs démocratiques, mais tout espoir n'est jamais perdu. N'oublions pas que c'est l'alternance qui a bloqué la réforme Toubon. Certes, on n'y est pas et il est plus facile d'abandonner un projet que d'annuler une réforme mais c'est déjà arrivé : la loi Sécurité et liberté d'Alain Peyrefitte (2 février 1981) et avant elle la loi anti-casseurs de Raymond Marcellin (8 juin 1970) ont toutes deux été abrogées en 1981. Pour y parvenir, il a fallu se mobiliser pour obtenir de l'opposition politique l'engagement de l'abandon de ces réformes, choses qui ne sont possibles que si l'on a réussi à faire prendre conscience au plus grand nombre de l'importance de l'enjeu : la légitimité de la justice est *une* et elle repose sur le maintien du jury.

Alors gardons l'espoir et restons mobilisés !

L'intérêt pratique du jury criminel : le point de vue de l'Association des avocats pénalistes

SABRINA GOLDMAN
Avocate au barreau de Paris

L'Association des avocats pénalistes est constituée de praticiens de la justice qui expérimentent chaque jour les audiences devant les cours d'assises et les cours criminelles départementales, et qui, chaque jour, constatent combien le jury aux assises est légitime à remplir son office de juge pour le jugement des crimes.

Plus précisément, le jury tire sa légitimité de ce qu'il est un vecteur de citoyenneté (I) et d'humanité (II).

I. LA LÉGITIMITÉ CITOYENNE DU JURY CRIMINEL

La suppression de son périmètre de compétence va à l'encontre des évolutions affichées par les pouvoirs publics quant aux grandes orientations de politique publique. À l'ère de la démocratie participative où l'on organise des grands débats nationaux, des référendums, des conventions citoyennes sur des sujets de société aussi divers que le climat, le logement, les dérives sectaires, la protection de l'enfance, la fin de vie, de manière contradictoire, on supprime le jury criminel, qui est pourtant le symbole le plus fort, l'outil le plus concret, de la démocratie participative en matière judiciaire.

Le jury criminel se livre à un exercice inédit de démocratie ultra directe : le juré est tiré au sort puis décide ; c'est le seul endroit où l'on demande à la population de voter, non pas pour élire des représentants, mais pour prendre elle-même des décisions importantes. Même si parfois on critique l'ascendant des magistrats professionnels et notamment du président dans les délibérations[1], au moment du vote à bulletin secret, leur voix compte autant que celle des magistrats.

On prétend vouloir restaurer une confiance fragilisée des Français en l'institution judiciaire : la loi du 22 décembre 2021 qui généralise les cours criminelles départementales s'appelle fort ironiquement loi pour « la confiance dans l'institution judiciaire ». Rappelons-nous aussi du discours de notre ancien garde des Sceaux, Éric Dupond-Moretti, lors des États généraux de la justice qui prétendait avoir pour objectif de « rendre la justice plus proche de nos compatriotes[2] ». À l'issue de plusieurs mois de concertations des acteurs du monde judiciaire et des justiciables, le rapport de ces états généraux prenait acte d'« une défiance croissante des citoyens vis à vis de l'institution judiciaire[3] » et concluait à l'urgence de combler ce fossé qui s'est creusé entre les citoyens et leur justice. Et de manière hypocrite, on supprime le dernier espace démocratique permettant à des juges et à des citoyens tirés au sort de se rencontrer, de débattre, de délibérer, et de rendre la justice ensemble « au nom du peuple français ».

Le jury criminel tranche des problèmes posés à la collectivité, qui caractérisent souvent des questions sociétales (la criminalité organisée, les crimes sexuels, etc.). Il est donc, en tant que citoyen, tout aussi légitime que le magistrat professionnel à trancher ces questions – peut-être même davantage si l'on envisage la question de la légitimité sous un angle moins technique que démocratique ; comme le soulève le professeur Benoît Frydman, « la bataille pour le maintien du jury populaire et de la cour d'assises est essentielle car elle a pour enjeu le maintien d'une justice démocratique face à un modèle technocratique, voire corporatiste, le maintien de la délibération et de l'argumentation face à une conception technique, voire scientiste, de l'art de juger[4] ».

Le droit pénal a pour vocation d'assurer la sauvegarde de valeurs sociales considérées comme essentielles pour une société donnée, à un moment donné ; il est donc nécessairement le reflet de la sensibilité sociale. Ainsi, la loi pénale, parce qu'elle est votée par les représentants du peuple, va évoluer en fonction de l'évolution de la société et des mentalités. Des dizaines d'illustrations pourraient être prises dans l'histoire du droit de l'évolution d'incriminations en miroir des avancées sociétales. On peut par exemple se rappeler qu'en 1956 encore, le Code pénal était ainsi annoté par Garçon :

---

1. V. notamment sur cette question R. Floriot, *Deux femmes en cour d'assises*, Hachette, 1966, p. 177 ; M. Dosé et P.-M. Abadie, *Cour d'assises : quand un avocat et un juré délibèrent*, Dalloz, coll. « Les sens du droit », 2014, p. 131.
2. B. Fiorini *et al.*, « L'effacement programmé du jury populaire de cour d'assises porte atteinte à la liberté, à la citoyenneté et à l'humanité », *Le Monde* 4 nov. 2022.
3. Rapport du comité des États généraux de la justice, *Rendre justice aux citoyens*, avr. 2022, p. 69 s.
4. B. Frydman, « La contestation du jury populaire. Symptôme d'une crise rhétorique et démocratique », *Questions de communication* 2007, n° 12, p. 116.

« le mari ne peut se rendre coupable de viol sur la personne de sa femme ». Il a fallu attendre la loi du 4 avril 2006 pour pénaliser le viol conjugal (en précisant que le viol et les agressions sexuelles sont constitués quelle que soit la nature des relations existant entre l'agresseur et sa victime, « y compris s'ils sont unis par les liens du mariage ») avec néanmoins maintien d'une présomption de consentement des époux à l'acte sexuel, jusqu'à sa disparition par la loi du 9 juillet 2010.

Les grandes évolutions juridiques sur des questions sociales n'ont pu naître que parce qu'elles se sont d'abord développées dans notre société par l'association des citoyens à leur mise en œuvre. C'est par exemple, toujours en matière d'évolution des mœurs, l'immense retentissement sur l'opinion publique du livre de Vanessa Springora *Le consentement*[5] en 2020 puis de celui de Camille Kouchner *La Familia Grande*[6] en 2021 qui a inspiré un nombre considérable de propositions de loi et précipité la réforme du 21 avril 2021 visant à protéger les mineurs des crimes et délits sexuels et de l'inceste.

Du « procès du viol » à Aix-en-Provence en 1978[7] à la prise en compte de la soumission chimique en 2018[8] et à sa médiatisation dans l'affaire *Mazan*, les grandes évolutions juridiques et sociales en la matière n'ont pu naître, infuser et se développer dans notre société que par l'association des citoyens à leur mise en œuvre. À l'heure où l'on essaye de sensibiliser les citoyens aux violences sexuelles, on les prive du jugement de ces affaires[9].

Je voudrais prendre pour exemple dans un tout autre domaine celui des procès de crimes contre l'humanité et génocide des Tutsi au Rwanda, qui restent certes de la compétence du jury populaire, mais ce dernier est menacé. D'abord par le mouvement général de réduction du périmètre de compétence du jury criminel (après avoir commencé par réduire le nombre de jurés, on a réduit le nombre de crimes passibles des assises). Et en l'espèce, plus spécifiquement, pour le jugement de ces affaires par la cour d'assises, Paris est devenu seul compétent pour les juger, par le jeu successif de la loi n° 2011-1862 du 13 décembre 2011 et de la loi n° 2016-731 du 3 juin 2016[10]. Dans ces affaires, le jury populaire apparait particulièrement légitime pour juger les crimes qui concernent l'humanité tout entière, et c'est d'ailleurs le fondement même de la compétence de la France à les juger par le mécanisme de la compétence universelle. Dans le poème de John Donne intitulé

5. V. Springora, *Le consentement*, Grasset, 2020.
6. C. Kouchner, *La Familia Grande*, Seuil, 2021.
7. V. sur ce procès G. Halimi, *Le Crime*, *in* Choisir la cause des femmes, *Viol. Le procès d'Aix*, Gallimard, 1978, p. 9-27.
8. C. pén., art. 222-30-1, al. 1 : « Le fait d'administrer à une personne, à son insu, une substance de nature à altérer son discernement ou le contrôle de ses actes afin de commettre à son égard un viol ou une agression sexuelle est puni de cinq ans d'emprisonnement et de 75 000 € d'amende. »
9. #NousToutes *et al.*, « Les cours criminelles départementales contribuent à perpétuer l'invisibilisation des crimes de viol », *Le Monde* 3 juill. 2023.
10. C. pr. pén., art. 628 et 628-1.

« Nul n'est une île » qui a inspiré *Pour qui sonne le glas* d'Ernest Hemingway, il est dit que « tout Homme est un morceau de continent, une part du tout ; la mort de tout Homme me diminue car je fais partie du genre humain[11] ». Dans ce type de procès, le jury incarne la mémoire collective face à cette Histoire. Il est un passeur de mémoire.

La cour d'assises donne l'occasion à des personnes tirées au sort, généralement peu familières des questions juridiques, de s'approprier et de trancher un problème posé à la collectivité – celui du crime –, en prenant conscience des contraintes inhérentes à l'acte de juger[12]. Comme l'écrivait Alexis de Tocqueville dans son ouvrage *De la démocratie en Amérique*, le jury « sert à donner à l'esprit de tous les citoyens une partie des habitudes de l'esprit du juge ; et ces habitudes sont précisément celles qui préparent le mieux le peuple à être libre[13] ». Ainsi, le jury est légitime par la fonction pédagogique qu'il va endosser. La participation au jury constitue une expérience citoyenne déterminante, qui modifie profondément chez les jurés leur perception de la justice. Elle permet de comprendre le fonctionnement judiciaire, comment on se forge une intime conviction, loin des jugements à l'emporte-pièce, de se rendre compte de la difficulté de juger[14].

Les jurés deviennent les porte-parole de la complexité de la Justice : ils comprennent l'exercice judiciaire et peuvent ensuite l'expliquer dans leur entourage, famille et amis, auprès desquels ils vont porter la bonne parole quant à une vision plus prudente et nuancée de l'œuvre de justice. À une époque où certaines émissions quotidiennes multiplient les fausses informations, les débats biaisés et populistes, et où les réseaux sociaux érigent un fait divers en phénomène général, il nous semble indispensable que la justice criminelle reste sous le contrôle du citoyen.

En éloignant un peu plus les citoyens de l'institution judiciaire, on oublie que la justice est rendue au nom du peuple français et que le citoyen juré effectue un devoir civique, le plus beau et le plus difficile qu'il soit. On oublie également qu'en plus de promouvoir la citoyenneté, le jury populaire est un vecteur d'humanisation du procès criminel.

11. J. Donne, *Devotions upon Emergent Occasions*, Hern Ridge Ltd, 2016 (éd. originale 1624), Meditations 17.

12. V. en ce sens C. Gissinger-Bosse, *Être juré populaire en cour d'assises. Faire une expérience démocratique*, Éditions Fondation de la Maison des sciences de l'Homme, coll. « Le (bien) commun », 2017.

13. A. de Tocqueville, *De la démocratie en Amérique*, Flammarion, 1981 (éd. originale 1840), t. 2, partie 2, chap. 8, p. 175.

14. V. en ce sens D. Vernier, *Jury et démocratie : une liaison fructueuse ? L'exemple de la cour d'assises française*, thèse, École normale supérieure de Cachan, 2007.

II. LA LÉGITIMITÉ HUMAINE DU JURY CRIMINEL

L'audience aux assises repose sur une procédure marquée par l'oralité, qui prend le temps d'offrir à chaque partie et à chaque témoin ou expert l'occasion de s'exprimer, que ce soit sur des éléments de faits ou de personnalité. Cette temporalité contribue à la « restauration du lien social[15] ». Voilà qui est nettement préférable aux procédures rapides qui ne cessent de se développer en matière délictuelle (ordonnance pénale[16], plaider-coupable[17], comparution immédiate[18], etc.), alors même qu'elles diminuent les garanties du procès équitable.

Le principe d'oralité des débats confère à l'audience des potentialités inégalables de restauration du lien social. Le principe de l'oralité des débats appliqué à un jury criminel fait que n'ayant pas accès au dossier d'enquête, l'affaire est examinée dans son intégralité durant l'audience ; la présence de citoyens qui ne sont pas des professionnels de la justice oblige à passer plus de temps sur les choses et à davantage de pédagogie, ce qui bénéficie aussi aux parties, l'accusé comme la partie civile. L'ensemble des professionnels s'accorde à reconnaître à la cour d'assises une excellence dans le traitement de ses affaires. C'est une justice de qualité, patiente et méticuleuse.

Toutes ces vertus sont sacrifiées sur l'autel d'une Justice de rendement, logique gestionnaire et budgétaire[19]. Lors des audiences des cours criminelles départementales, on constate souvent par l'absence de jurés, une perte de solennité, l'« entre-soi » du monde judiciaire (avec parfois la mise à distance de l'accusé) le raccourcissement du temps de l'audience et du délibéré, parfois l'absence de témoins (y compris le responsable de l'enquête policière) ou d'experts, le désintéressement voir l'absence des deux juges professionnels supplémentaires (très souvent magistrats honoraires ou magistrats à titre temporaire), le « tenu pour acquis » des expertises, la présence du dossier

15. C. Besnier, *La vérité côté cour. Une ethnologue aux assises*, Paris, La Découverte, 2017, p. 194.

16. L'ordonnance pénale est une procédure simplifiée prévue aux articles 495 et suivants du Code de procédure pénale, permettant la répression de la plupart des contraventions et de certains délits d'une faible gravité (vol simple, conduite sous l'emprise de stupéfiants, dégradation de biens, contrefaçon, etc.).

17. La comparution sur reconnaissance préalable de culpabilité (CRPC), prévue aux articles 495-7 et suivants du Code de procédure pénale, est une procédure permettant de juger rapidement l'auteur de certains délits dès lors qu'il reconnaît les faits reprochés.

18. La comparution immédiate est une procédure rapide, prévue aux articles 395 et suivants du Code de procédure pénale, permettant au procureur de la République de faire juger une personne dans la foulée de sa garde à vue. Elle n'est applicable qu'aux délits punis d'une peine supérieure ou égale à deux ans d'emprisonnement (voire supérieure ou égale à six mois d'emprisonnement en cas de délit flagrant).

19. V. en ce sens, collectif, « L'appel de 3 000 magistrats et d'une centaine de greffiers : "Nous ne voulons plus d'une justice qui n'écoute pas et qui chronomètre tout" », *Le Monde* 25 nov. 2021, p. 29.

durant le délibéré, autant de carences qui mettent à mal l'oralité des débats et le contradictoire.

Relisons le serment des jurés prévu à l'article 304 du Code de procédure pénale qui porte en lui toute la légitimité de leur rôle, en les faisant jurer de « de ne trahir ni les intérêts de l'accusé, ni ceux de la société qui l'accuse, ni ceux de la victime [...] ; de n'écouter ni la haine ou la méchanceté, ni la crainte ou l'affection [...] ; de décider suivant [sa] conscience et [son] intime conviction, avec l'impartialité et la fermeté qui conviennent à un homme probe et libre ».

L'éviction du jury populaire : une régression pour la cause féministe

BENJAMIN FIORINI

Maître de conférences en droit privé et sciences criminelles à l'Université Paris 8, directeur de l'Institut d'études judiciaires de l'Université Paris 8, juge assesseur UNHCR à la Cour nationale du droit d'asile, président de l'association Sauvons les assises !

Le viol dégradé en crime de seconde classe

Il ressort des contributions précédentes que la question de la place accordée au jury populaire, bien plus qu'une question juridique, est essentiellement un problème d'ordre politique. Confier au peuple le droit de juger directement les crimes, c'est-à-dire les atteintes les plus graves au pacte social, c'est avant tout faire le pari de la démocratie. Retirer au peuple ce droit, pour le confier intégralement au corps des magistrats professionnels, c'est préférer la technocratie, tout en vidant la notion de citoyenneté d'une partie de sa substance. De ce point de vue, la généralisation des cours criminelles départementales sans jurés, depuis le 1er janvier 2023, constitue moins une réformette technique qu'un choix politique fondamental. Or, il s'avère qu'en plus de porter atteinte à la démocratie et à la citoyenneté, le recul du jury populaire constitue également une profonde régression pour la cause féministe. Le lien entre jury et féminisme n'étant pas évident, j'aimerais clarifier cette affirmation.

Pour rappel, les cours criminelles départementales, composées de cinq juges professionnels, sont désormais seules compétentes pour juger les personnes majeures accusées de crimes punis de quinze ou vingt ans de réclusion criminelle, hors situation de récidive (les crimes punis de plus de vingt ans de réclusion criminelle, ou commis en situation de récidive, continuent à relever de la compétence des cours d'assises). Les infractions concernées sont très nombreuses : viol ; violences mortelles ; violences en bande organisée ou avec guet-apens sur les personnes dépositaires de l'autorité publique ; vol à main armé ; vol en bande organisée ; extorsion ; destruction de bien par incendie ou substance explosive ; faux en écriture publique commis par une personne dépositaire de l'autorité publique ; réduction en esclavage ; exploitation d'une personne réduite en esclavage ; tortures ; actes de barbarie ; délaissement de personnes vulnérables ; traite des êtres humains ; réduction en servitude ; travail forcé ; violences habituelles sur mineur de quinze ans ou personne vulnérable ; production ou fabrication illicite de produits stupéfiants ; séquestration ; détournement de moyens de transport ; proxénétisme aggravé, etc.

Cette liste d'incriminations, bien que non exhaustive, suffit à percevoir que des faits criminels d'une extrême gravité sont désormais retirés à l'appréciation des jurés citoyens, quand bien même ces violations se situeraient au cœur d'intenses débats de société. Tel est le cas, par exemple, de l'infraction de faux ou usage de faux en écriture publique commis par une personne dépositaire de l'autorité publique, qui correspond notamment au cas de faux procès-verbaux rédigés par des policiers. La confiance des citoyens vis-à-vis des forces de police étant une composante essentielle de la vie en société, il est étrange que lesdits citoyens soient privés du droit de constater et de sanctionner par eux-mêmes ces dérives policières.

Pour autant, la principale infraction que les cours criminelles départementales ont pour effet de soustraire à l'intervention du jury est d'une tout autre nature, puisqu'il s'agit du viol. En effet, d'après le rapport rendu par le comité d'évaluation et de suivi de la cour criminelle départementale rendu en octobre 2022, environ 88 % des affaires jugées par ces nouvelles juridictions sont des viols[1]. Une majorité écrasante qui, pour quiconque a déjà assisté à une session de cour criminelle départementale, donne parfois l'impression désagréable que l'on y juge les viols *à la chaîne*.

Autrement dit, de manière très concrète, tout se passe comme si le législateur avait créé une sorte de *super-tribunal correctionnel du viol* ou de *sous-cour d'assises du viol*, en opérant une distinction symbolique entre les crimes de première division (meurtre, empoisonnement, assassinat, etc.) qui méritent encore le regard des citoyens pour être jugés, et les crimes de deuxième division, dont le principal représentant est le viol, qui ne le méritent plus. Cet échelonnement de la procédure en fonction de la gravité supposée des crimes correspond d'ailleurs à la terminologie employée par l'ancienne garde des Sceaux Nicole Belloubet, initiatrice de la réforme en 2018, qui avaient tenté de rassurer les partisans du jury populaire en leur indiquant que « les crimes les plus graves » resteraient jugés par la cour d'assises[2], à l'inverse des crimes les moins graves... dont le viol ferait donc partie ! En utilisant ce vocabulaire, la ministre de la Justice rétablissait, sans doute inconsciemment,

1. Rapport du comité d'évaluation et de suivi de la cour criminelle départementale, oct. 2022, p. 12.
2. J.-B. Jacquin, « Nicole Belloubet veut un "tribunal criminel" à la place des assises », *Le Monde* 9 mars 2018.

la distinction juridique ancienne entre les *grands crimes* et les *petits crimes*, tout en présentant ce grand bond en arrière comme un progrès pour les droits des victimes.

Il pourrait être rétorqué que d'un point de vue juridique, les viols, à l'instar des autres infractions relevant de la compétence des cours criminelles départementales, restent bien des « crimes » au sens du Code pénal. Les viols ne reçoivent pas techniquement la qualification de « petit crimes » ou de « sous-crimes », c'est vrai. Néanmoins, il est difficile de ne pas voir dans l'avènement des cours criminelles départementales une rétrogradation symbolique du crime de viol, dont le jugement est désormais soumis à une procédure plus expéditive et moins coûteuse n'impliquant plus l'intervention du jury, incarnation de la voix du Peuple. Le président de cour d'assises Marc Hédrich évoque à ce titre « un risque réel de banalisation judiciaire du viol[3] ». C'est pourquoi la plupart des collectifs féministes, notamment #NousToutes[4] et Osez le Féminisme ![5], regrettent que les cours criminelles départementales aient transformé le viol en « crime de seconde classe », tout en contribuant à « perpétuer son invisibilisation[6] ». À une heure où la lutte contre les violences sexistes et sexuelles est érigée en grande cause nationale depuis le premier quinquennat du président de la République Emmanuel Macron[7], supposant l'implication de chacun pour lutter contre ces deux fléaux, priver les citoyens d'une prise directe sur ces affaires semble particulièrement malvenu.

Un frein aux prises de conscience

L'évolution est d'autant plus regrettable que les jurés prennent souvent conscience, à l'occasion du jugement des affaires de viol aux assises, de la variété des contextes dans lesquels cette infraction peut être commise. Ils découvrent que contrairement à une croyance répandue, le viol concerne toutes les classes sociales, tous les milieux sociaux. Ils apprennent qu'il est commis dans 90 % des cas sur une victime qui connait son agresseur[8], et que, statistiquement, il est moins souvent commis par un inconnu dans une ruelle sombre que par un proche dans l'intimité du cadre familial, amical ou professionnel. Les jurés découvrent également des mécanismes complexes tels

3. M. Hédrich, « Le viol, la technocratie et le peuple », *Gaz. Pal.* 2022, n° 21, p. 10.
4. S. Dionisi, « C'est tout le combat de Gisèle Halimi qui a été réduit à néant », *Politis* 15 mai 2024, n° 1809-1810.
5. Osez le féminisme !, « Cours criminelles départementales : une justice de seconde classe », communiqué de presse, 8 déc. 2023.
6. #NousToutes *et al.*, « Les cours criminelles départementales contribuent à perpétuer l'invisibilisation des crimes de viol », *Le Monde* 3 juill. 2023.
7. Discours du président de la République à l'occasion de la journée internationale pour l'élimination de la violence à l'égard des femmes et du lancement de la grande cause du quinquennat, 15 nov. 2017.
8. S. Auconie et M.-P. Rixain, *Rapport d'information déposé par la délégation de l'Assemblée nationale aux droits des femmes et à l'égalité des chances entre les hommes et les femmes sur le viol*, 22 févr. 2018, p. 54-55.

que l'emprise et la dissociation, et comprennent mieux la difficulté de parler à laquelle sont confrontées de nombreuses victimes de violences sexuelles[9]. Comme le souligne l'avocat général David Sénat, le jury populaire a « le mérite d'associer effectivement les citoyens à la connaissance pratique d'une réalité criminelle souvent ignorée, parfois minorée ou encore fantasmée. Connaître l'existence concrète des crimes et délits, de leurs modalités apparaît ainsi comme une garantie démocratique contre un risque de banalisation ». Concernant spécifiquement le crime de viol, il déplore qu'avec les cours criminelles départementales, apparaît « le risque [...] de faire du viol un crime jugé loin d'une population et d'une opinion publique particulièrement concernées dans une ville et un département, et plus généralement au sein d'une société qui en fait une priorité politique et sociale de premier rang[10] ». Les jurés populaires sont des représentants de la société, de sorte que « les écarter pour l'essentiel du jugement des viols est [...] une chance perdue pour la société française de juger directement des crimes qui la regardent au plus haut point et ainsi de favoriser une information et une prévention plus que jamais nécessaires[11] ».

Avec les cours criminelles départementales, cette dimension pédagogique de l'audience vole en éclat, en même temps que l'audience est symboliquement déclassée. À ce titre, il faut rappeler que l'avocate Gisèle Halimi s'est longuement battue pour que le viol soit jugé comme un crime de sang. Sa formule, qui se retrouve dans son texte *Le Crime*, ne laisse sur ce point aucune ambiguïté : « si tous les crimes sont sanctionnés, le viol peut-il, seul, ne pas l'être, l'être moins, ou l'être autrement[12] ? ». Hélas, il faut bien le dire : depuis le 1er janvier 2023, les viols ne sont plus jugés comme les crimes de sang. Ils sont désormais jugés à travers une procédure criminelle accélérée, souvent perçue comme trop dense et trop rapide par les victimes[13]. Cela n'a pas empêché les parlementaires du groupe Renaissance, qui ont soutenu la réforme, de demander simultanément la panthéonisation de Gisèle Halimi[14]. Cynisme stupéfiant ! Comme l'a souligné l'avocate et roman-

9. M. Huyette, « Cour d'assises et cour criminelle : un débat tronqué », blog *Paroles de juge* 8 mai 2023 : « Auparavant, quand ils siégeaient dans les affaires de viol, et notamment en entendant les longs témoignages des femmes victimes, les jurés découvraient toujours avec beaucoup d'intérêt les mécanismes d'emprise, de peur, de dissociation, les difficultés de dénoncer, les effets à moyen et long terme des viols, puis ils analysaient les profils des agresseurs sexuels de tous âges et de tous milieux. Dorénavant, ils ne sauront rien des crimes dont on parle pourtant le plus. »
10. D. Sénat, « Premières réflexions issues de l'expérimentation de la cour criminelle départementale en Haute-Garonne », *AJ pénal* 2021. 176.
11. D. Sénat, « Les viols doivent être jugés par les cours d'assises », *Libération* 6 janv. 2023, p. 23.
12. G. Halimi, *Le Crime*, *in* Choisir la cause des femmes, *Viol. Le procès d'Aix*, Gallimard, 1978, p. 15.
13. S. Dionisi, « C'est tout le combat de Gisèle Halimi qui a été réduit à néant », préc.
14. L. Heinich, « Gisèle Halimi au Panthéon, c'est se moquer d'elle », *Le Monde* 3 janv. 2023, p. 21.

cière Laure Heinich, laquelle a travaillé avec Gisèle Halimi, cette dernière « se retournerait dans sa tombe si elle voyait ce qu'on a fait de la cour d'assises[15] ».

L'objectif de dé-correctionnalisation non atteint

Paradoxalement, l'un des principaux motifs justifiant la création des cours criminelles départementales se voulait pourtant bienveillant vis-à-vis des victimes de viols, puisqu'il s'agissait d'endiguer le recours au mécanisme de correctionnalisation. Cette pratique consiste, pour les magistrats, à omettre volontairement certaines circonstances de commission d'une infraction, de telle sorte que des faits qui devraient normalement être jugés comme des *crimes* sont finalement jugés comme des *délits*, c'est-à-dire des infractions de moindre gravité qui relèvent de la compétence des tribunaux correctionnels. Par exemple, il arrive que des vols à main armée (c'est-à-dire des crimes) soient concrètement jugés comme des vols simples (c'est-à-dire des délits) par les tribunaux correctionnels. En matière de violences sexuelles, la correctionnalisation consiste pour les magistrats à « oublier » l'existence d'une pénétration ou d'un contact bucco-génital imposé à la victime, qui doit normalement entraîner la qualification criminelle de viol, pour préférer la qualification délictuelle d'agression sexuelle, avec à la clé une peine encourue bien moindre (cinq ans d'emprisonnement, au lieu de quinze ans de réclusion criminelle pour un viol commis sans circonstances aggravantes). L'objectif central poursuivi par ce mécanisme est de permettre le jugement plus rapide de ces affaires par un tribunal correctionnel composé de trois juges professionnels, l'engorgement de la justice criminelle générant des délais d'attente douloureux pour les accusés comme pour les victimes.

Toutefois, en pratique, la correctionnalisation a surtout pour effet de minimiser la gravité et de masquer la réalité des violences sexuelles subies par les victimes. C'est la raison pour laquelle le rapport d'évaluation de la France rendu par le Groupe d'experts sur la lutte contre les violences faites aux femmes et la violence domestique (GREVIO) en 2019 a exhorté les autorités françaises à « réexaminer leur législation et leurs pratiques judiciaires, en particulier la pratique de la correctionnalisation en matière de violences sexuelles, y compris celles commises sur les victimes mineures[16] ». Or, il était attendu que les cours criminelles départementales, en accélérant le rythme de traitement des affaires de viol par l'absence des jurés, dissuadent les magistrats de recourir à cette pratique. Au début de l'année 2023, le garde

15. L. Heinich, *La Justice contre les Hommes*, Flammarion, 2023, p. 51 : « Ces hommes d'État font mine de réfléchir à mythifier l'avocate alors qu'ils détruisent le travail de sa vie : juger le viol comme un crime et non comme un simple délit. La plus haute assemblée entérine une loi aux termes de laquelle les viols ne seront plus traités par la cour d'assises mais par une nouvelle juridiction, sans jurés cette fois, qu'ils nomment "criminelle" pour sauver les apparences. Un coup de com qui piétine à la fois les idées et le cadavre. »
16. GREVIO, Rapport d'évaluation de référence, France, 19 nov. 2019, p. 63, § 196.

des Sceaux Éric Dupond-Moretti s'est d'ailleurs félicité de ce qu'elles avaient permis, selon lui, de « régler » le problème de la correctionnalisation[17].

Cependant, le rapport rendu par le comité d'évaluation et de suivi de la cour criminelle en octobre 2022 – qui constitue à ce jour le rapport indépendant le mieux documenté sur le sujet – dépeint une réalité bien différente[18], qui fait écho à la réalité actuellement vécue par de nombreux praticiens. Plus précisément, il permet de constater qu'à l'issue d'une expérimentation de trois ans dans une quinzaine de départements, l'impact des cours criminelles départementales en termes de dé-correctionnalisation s'est avéré au mieux insignifiant, au pire strictement nul[19].

Ainsi, au cœur du rapport, la Conférence nationale des procureurs généraux relève « l'absence d'impact significatif des CCD sur la correctionnalisation des procédures ». L'Association française des magistrats instructeurs, pour sa part, observe que « la mise en place de la CCD ne paraît pas avoir une influence significative sur le phénomène de correctionnalisation ». Le directeur des services judiciaires, invité à établir une projection en termes de dé-correctionnalisation, a indiqué « ne pas être en mesure d'établir le nombre de dossiers concernés ». De son côté, l'Union syndicale des magistrats (USM) note qu'« aucune baisse de la charge des audiences correctionnelles, qui aurait pu être imputée à une moindre correctionnalisation, n'a été constatée », et que, quand bien même elle devait advenir, cette baisse ne pourrait être autre chose que « résiduelle ». En résumé, après trois ans d'expérimentation, aucun des acteurs interrogés n'a constaté le moindre phénomène de dé-correctionnalisation lié à l'émergence de ces nouvelles juridictions, si ce n'est de façon infinitésimale.

La naissance de la cour-criminalisation

Il y a pire cependant, puisqu'en plus de ne rien résoudre au problème de la correctionnalisation, la généralisation des cours criminelles départementales a entraîné l'apparition d'une nouvelle pratique de sous-qualification des violences sexuelles, que j'appellerai *cour-criminalisation*[20]. Ce nouveau mécanisme consiste pour le juge d'instruction, généralement sur réquisitions du parquet, à écarter fictivement certaines circonstances accompagnant le crime de viol, lesquelles ont normalement pour conséquence d'entraîner la compétence de la cour d'assises. Par exemple, si un viol sans circonstances aggravantes est puni de quinze ans de réclusion criminelle (ce qui entraîne la compétence de la cour criminelle

17. T. Chevillard, « Justice : c'est quoi le problème avec la généralisation des cours criminelles départementales ? », *20 minutes* 5 janv. 2023.

18. B. Fiorini, « La généralisation des cours criminelles départementales paraît relever de l'absurde », *Le Monde* 3 janv. 2023, p. 21.

19. Rapport du comité d'évaluation et de suivi de la cour criminelle départementale, oct. 2022, p. 27-29.

20. B. Fiorini, S. Ba et L. Questiaux, « La "cour-criminalisation". Un nouvel outil de minimisation des violences sexuelles », *L'Humanité* 1er oct. 2024.

départementale), le fait qu'il soit précédé, accompagné ou suivi de tortures ou d'actes de barbarie élève la peine encourue à la réclusion criminelle à perpétuité, ce qui déclenche normalement la compétence de la cour d'assises[21]. Or il se fait jour dans les cabinets d'instruction une tendance consistant à « oublier » cette circonstance aggravante de tortures ou actes de barbarie, dans le but inavoué de faire juger l'affaire plus rapidement par une cour criminelle départementale. Ce faisant, la gravité des faits commis est minimisée, et leur jugement est privé du regard citoyen apporté par les jurés populaires. Le traitement judiciaire de l'affaire French Bukkake semble en constituer le parfait exemple, la qualification de viol accompagné de tortures et actes de barbarie étant, à l'heure où j'écris ces lignes, refusée au stade de l'instruction, en dépit de témoignages édifiants de la part des victimes sur le caractère violent, répété et attentatoire à leur dignité des sévices qui leur ont été imposés[22]. Les cours criminelles départementales, en plus de ne pas atteindre l'objectif de dé-correctionnalisation des viols qui leur était assigné, ont donc engendré l'apparition d'un second mécanisme de sous-qualification des violences sexuelles. La *cour-criminalisation* complète désormais la correctionnalisation, battant en brèche les affirmations contraires et extravagantes du garde des Sceaux.

Des peines à la baisse?

S'agissant de la répression à proprement parler, certains avaient prédit que les cours criminelles départementales jugeraient les personnes coupables de viol avec davantage de sévérité[23]. Pourtant, ce n'est absolument pas ce que montrent les statistiques les plus récentes disponibles à ce jour. En effet, le rapport d'évaluation des cours criminelles départementales d'octobre 2022 relate que dans les quinze départements d'expérimentation, la peine moyenne prononcée aux assises en matière de viol était de 10,2 ans de réclusion criminelle, contre 9,6 ans pour les condamnations prononcées par les cours criminelles départementales[24]. Il semble donc qu'en matière de viol, les magistrats se montrent en moyenne légèrement moins répressifs que les jurés. Faut-il y voir l'apparition d'une pratique consistant, pour les cinq juges professionnels composant la cour criminelle départementale, à prononcer des peines relativement faibles – certains diraient « bradées » – pour éviter un appel de la part des accusés (la victime, elle, ne peut pas faire appel sur la peine), dans le but de faire économiser des ressources et un temps précieux à l'institution judiciaire[25]? Seul le temps permettra de savoir si une telle pra-

21. C. pén., art. 222-26.
22. L. de Fouchet, « Pornographie : les blessures à vie des victimes de l'affaire French Bukkake », *Le Monde* 8 déc. 2023.
23. Cette idée traverse notamment le film *Cours criminelles* (2022) de Laëtitia Ohnona.
24. Rapport du comité d'évaluation et de suivi de la cour criminelle départementale, oct. 2022, p. 19.
25. Il faut rappeler qu'en cas d'appel, l'affaire est jugée par une cour d'assises d'appel comportant un jury populaire.

tique, contre-intuitive dans la mesure où les statistiques judiciaires des deux derniers siècles semblent montrer que les magistrats sont globalement plus répressifs que les jurés, se confirmera et se généralisera.

Délais non réduits et libérations non désirées

À noter, enfin, qu'il existe un risque sérieux que les cours criminelles départementales entraînent la multiplication des libérations avant-procès de certains individus accusés de viol, dont le placement en détention provisoire avait pourtant été perçu comme nécessaire par les juges, notamment pour empêcher l'accusé de prendre attache avec la victime, de faire pression sur elle, voire de la violenter. Ce risque de libération anticipé provient de la différence de traitement instaurée par la loi au niveau de la durée maximum de la détention provisoire, selon que les personnes sont mises en accusation devant la cour criminelle départementale ou devant la cour d'assises. En effet, lorsqu'un accusé est renvoyé devant une cour d'assises, il peut être placé en détention provisoire pendant une durée d'un an dans l'attente de son procès. De façon exceptionnelle, la mesure peut être renouvelée six mois à deux reprises, soit deux ans de détention provisoire au total. Une telle attente est très longue, pour les accusés comme pour les victimes. Dans le but de l'écourter, le gouvernement a prévu que lorsqu'un accusé est jugé par une cour criminelle départementale, le délai maximum de détention provisoire est de six mois, renouvelable une fois, soit un an au total. Sur le papier, les délais sont donc divisés par deux par rapport à ceux prévalant en cour d'assises, et *a priori*, l'objectif poursuivi est plus que louable.

Toutefois, le problème est que personne n'a vraiment compris en quoi les cours criminelles départementales permettraient, à moyens et effectifs constants, un audiencement plus rapide des affaires de viol. On leur demande d'audiencer les affaires deux fois plus vite que les cours d'assises, sans leur donner de moyens supplémentaires pour le faire. C'est pourquoi, en pratique, elles ne permettent pas véritablement de gagner du temps. Conséquence directe : il est fréquent qu'après six mois de détention provisoire, l'accusé ne soit pas encore jugé. Or, la loi prévoyant que cette mesure ne peut être prolongée que de façon « exceptionnelle » par les juges de la chambre de l'instruction, ces derniers n'entérinent pas systématiquement cette prolongation, faisant logiquement prévaloir l'idée selon laquelle la liberté est le principe et sa privation l'exception[26]. Et quand bien même les juges accepteraient de prolonger la mesure, il n'est pas acquis qu'ils puissent être saisis de la demande en temps utile, le délai de six mois prévus pour les cours criminelles départementales, deux fois moindre que celui fixé pour les assises, entraînant l'engorgement des chambres de l'instruction[27]. Résultat : les cas de libération

26. C. pr. pén., art. 144.

27. M. Huyette, « Cour d'assises et cour criminelle : un débat tronqué », blog *Paroles de juge* 8 mai 2023 : « quand arrive un nouveau dossier relevant de la CCD avec un accusé détenu,

avant procès de personnes accusées de viol, pour lesquelles la détention provisoire avait initialement été jugée nécessaire, risquent mécaniquement de survenir à cause des cours criminelles départementales.

Le gouvernement et le garde des Sceaux Éric Dupond-Moretti sont d'ailleurs parfaitement conscients de ce risque grave. Il avait été pointé du droit dans le rapport d'évaluation d'octobre 2022[28], qui préconisait de faire passer le délai maximum de la détention provisoire en cas de procès devant une cour criminelle départementale à neuf mois, renouvelable une fois (soit dix-huit mois au total), pour éviter le risque de libération anticipée d'accusés présentant des signes importants de dangerosité[29]. Cette préconisation est toutefois restée lettre morte, probablement parce qu'augmenter le délai maximum de la détention provisoire revenait à admettre l'échec retentissant des cours criminelles départementales.

Il est urgent de rétablir l'intervention du jury populaire pour juger ces faits, non seulement pour éviter de faire du viol un crime de seconde classe qui ne mérite plus le regard des jurés citoyens, mais aussi pour éviter ces conséquences dramatiques.

---

toutes les sessions des (au moins) six prochains mois sont pleines. Dès lors le nouveau premier délai de 6 mois ne peut pas être respecté. D'où des saisines très nombreuses des chambres de l'instruction en prolongation de détention. Cela déclenche une charge supplémentaire parfois très importante pour ces chambres de l'instruction, puisque ces saisines n'avaient lieu que bien plus rarement quand le délai d'audiencement des dossiers de viol avec détenus était encore d'une année. Cette surcharge importante n'a été ni repérée ni prise en compte par le ministère de la justice ».

28. Rapport du comité d'évaluation et de suivi de la cour criminelle départementale, oct. 2022, p. 33 : « La CNPP [Conférence nationale des premiers présidents] a alerté le comité sur le risque de surcharge des chambres de l'instruction qui seraient amenées à statuer sur des prolongations exceptionnelles de détention provisoire au-delà du délai de comparution de six mois et sur le risque important de remise en liberté qui en découlerait. »

29. Rapport du comité d'évaluation et de suivi de la cour criminelle départementale, oct. 2022, p. 43.

QUATRIÈME PARTIE

L'horizon du jury criminel

La participation du peuple au jugement des crimes en Italie

KEVIN MARIAT

Maître de conférences à l'Université Jean Moulin Lyon 3,
Centre de droit pénal – Équipe Louis Josserand EA 3707

On lit régulièrement que l'Italie a fait le choix du système accusatoire avec son nouveau Code de procédure pénale de 1989. On pourrait donc s'attendre à un tournant concernant le rôle du jury criminel, emblème s'il en est du système accusatoire et symbole à lui tout seul de la procédure pénale, si ce n'est de la démocratie[1]. L'Italie représente pourtant un paradoxe car le tournant accusatoire n'a pas impliqué une transposition tel quel du système anglo-saxon[2].

S'agissant plus particulièrement du jury populaire, le paradoxe est d'autant plus fort que l'Italie fut, de tout temps, une terre de prédilection pour rois de France en mal de conquête ou pour général en mal d'empire. L'Italie a donc subi l'influence française révolutionnaire puis napoléonienne, puis plus récemment anglo-saxonne, sans oublier celle, considérable du point de vue du droit pénal substantiel, de la doctrine germaniste entre-temps[3]. Il en résulte un système procédural assez fascinant en même temps que paradoxal qu'il convient de présenter (I) puis d'analyser (II) en ce qui concerne la participation du peuple à la justice criminelle.

---

1. L. Rousvoal, « La cour d'assises en symbole(s) », *L'IRASCible* 2022, n° 9, p. 105.
2. E. Amodio, « Affermazioni e sconfite della cultura dei giuristi nella elaborazione del nuovo codice di procedura penale », *Rivista italiana di diritto e procedura penale* 1996, n° 4, p. 899.
3. G. Licci, « Quelques remarques sur les racines allemandes du droit pénal italien », *RID comp.* 2003. 309.

I. PRÉSENTATION DU SYSTÈME[4]

Pour plus de clarté, nous pouvons retenir deux étapes chronologiques dans la présentation de la participation des Italiens à leur justice criminelle : avant la République (A) puis sous la République (B).

A. AVANT LA RÉPUBLIQUE

L'Italie unifiée se dote d'un Code de procédure pénale en 1865 qui, d'inspiration française[5], prévoit assez logiquement les cours d'assises[6]. Douze citoyens participent donc au jugement des infractions les plus graves et forment un véritable jury populaire *(giuria popolare) distinct* du collège des trois magistrats royaux. Il n'existe en revanche pas de jury de mise en accusation. Les critiques quant au rôle du jury émergent rapidement, notamment quant à son impartialité ou à l'absence de motivation (OUI/NON) des réponses aux questions sur les faits[7]. Le jury ne se prononce en effet que sur les faits, non sur la peine, ceci jusqu'en 1931. Cette restriction s'explique par la prise en compte des difficultés qu'auraient les jurés à statuer totalement *en droit*[8]. Il convient donc de distinguer le verdict sur les faits, prononcé par le seul jury, et la sentence, prononcée par les seuls juges professionnels.

Après une première réforme mineure avec le Code de procédure pénale de 1913[9], réduisant notamment le nombre de jurés, la cour d'assises est profondément modifiée par le décret royal n° 249 du 23 mars 1931. Le jury populaire est aboli pour « fusionner, en un unique collège, l'élément professionnel (les magistrats) et l'élément populaire (les assesseurs)[10] » de cette juridiction. La cour est dorénavant composée de deux magistrats et cinq assesseurs[11]. En d'autres termes, *on passe du modèle du jury* (*giuria*, c'est-à-dire un jury

4. Pour une présentation globale de la procédure pénale italienne en français, v. K. Mariat, *L'équilibre des pouvoirs dans la phase préparatoire du procès pénal. Réflexions françaises à la lumière des droits allemand et italien*, thèse Lyon 3, 2019, p. 748 s., accessible sur HAL.

5. Un traducteur de l'époque note que le législateur italien copie littéralement plusieurs articles du code français : H. Marcy, *Code de procédure pénale du Royaume d'Italie*, Librairie A. Maresquaine, 1881, t. 1, p. 306.

6. Code de procédure pénale italien de 1865, art. 422 s.

7. Sur les critiques, v. F. Colao, « Processo pénale e pubblica opinione dall'età libérale al regime fascista », *in* L. Garlati (dir.), *L'inconscio inquisitorio. L'eredità del codice Rocco nella cultura processualpenalistica italiana*, Giuffrè, 2010, p. 241, spéc. p. 252 s.

8. P. Biscaretti di Ruffia, *Diritto costituzionale*, 7ᵉ éd., Jovene, 1962, n° 181.

9. G. Conso, « Opening session », *RID pén.* 2001. 15.

10. A. Meniconi, *Storia della magistratura italiana*, Il Mulino, 2013, p. 539 (version e-book).

11. Sur la réforme de 1931, v. R. Orlandi, « La riforma fascista delle corti d'assise », *in* L. Garlati (dir.), *L'inconscio inquisitorio. L'eredità del codice Rocco nella cultura processualpenalistica italiana*, Giuffrè, 2010, p. 225.

populaire n'appartenant pas à la cour) *au modèle de l'échevinat*[12] (*scabinato*, c'est-à-dire un seul et même collège composé de juges professionnels et de laïcs), cette opposition entre jury et échevinat devant jouer un rôle crucial dans les débats à venir.

B. SOUS LA RÉPUBLIQUE

Le système de 1931 est maintenu à la chute du régime, hormis deux textes de 1944 cherchant à empêcher la nomination d'anciens activistes fascistes comme assesseurs[13]. Les cours d'assises restent donc composées de deux magistrats et de cinq assesseurs[14]. Le 31 mai 1946, toutefois, l'institution du jury est réintroduite par un décret législatif royal[15] qui ne sera finalement jamais exécuté à cause du passage à la République et de l'installation d'une Assemblée constituante[16].

Alors que les premiers travaux de l'Assemblée laissent penser à un retour au jury d'avant le fascisme, c'est-à-dire un jury indépendant de la composante professionnelle de la cour et ne statuant que sur les faits, des magistrats, alliés notamment à la démocratie chrétienne, cherchent à obtenir la suppression du jury populaire[17]. Palmiro Togliatti, le leader du parti communiste, leur oppose une vive résistance, proposant même l'élection de tous les magistrats[18]. Assez naturellement, le texte finalement voté, aujourd'hui l'article 102 alinéa 3 de la Constitution, est un compromis : « la loi réglemente les cas et la forme de la participation directe du peuple à l'administration de la justice ». Quant au problème de la motivation, l'article 111 impose la motivation de tous les jugements, excluant ainsi tout recours au système « OUI/NON[19] ».

La loi de réorganisation de la cour d'assises du 10 avril 1951 donne à la cour d'assises italienne son visage actuel. Les jurés, séparés de la cour en 1865 puis intégrés à celle-ci en 1931 sous le nom d'assesseurs, deviennent des juges populaires *(giudici popolari)* au nombre de six et composant, avec les

12. Traduction proposée par L. Luparia Donati et G. Fiorelli, « La participation du peuple à l'administration de la justice pénale en Italie. Physionomie structurelle et fonctionnelle de la *corte d'assise* », *Roma Tre Law Review* 2022, p. 69.
13. R. Orlandi, *op. cit.*, spéc. p. 236.
14. Entre avril 1945 et décembre 1947 existent des cours d'assises extraordinaires chargées de juger les faits de collaboration avec les Allemands composées d'un juge professionnel et de quatre juges populaires. Sur cette période, v. E. Fronza, « La poursuite des crimes nazis et fascistes en Italie », in *Humanisme et Justice. Mélanges en l'honneur de G. Giudicelli-Delage*, Dalloz, 2016, p. 689.
15. En même temps que l'indépendance de la magistrature, v. P. Tonini et C. Conti, *Manuale di procedura pénale*, 23e éd., Giuffrè, 2022, p. 27.
16. G. Vassalli, « Corte d'assise », Enciclopedia Italiana Treccani – III Appendice (1961), XI, p. 541 ; App. II, 1, p. 704.
17. G. Conso, *op. cit.*
18. A. Meniconi, *op. cit.*, p. 1013 (version e-book).
19. L. Luparia Donati et G. Fiorelli, *op. cit.*

dorénavant deux juges professionnels, un collège unique[20] – ce qui distingue nettement le système italien du système américain[21]. La compétence de la cour d'assises s'étend en principe aux infractions pour lesquelles la loi prévoit la perpétuité ou bien une peine maximale non inférieure à vingt-quatre ans ainsi qu'aux infractions suivantes : l'homicide sur une victime consentante, l'instigation ou l'aide au suicide, l'homicide *praeter intentionem*, le génocide, la reformation du parti fasciste et les infractions contre la personnalité de l'État punies d'au moins dix ans d'emprisonnement[22]. Peuvent être juges populaires les citoyens italiens de trente à soixante-cinq ans jouissant des droits civils et politiques et faisant preuve d'une bonne conduite morale. S'ajoute à cela une condition de diplôme minimal variant suivant que l'on siège à la cour d'assises ou à la cour d'assises d'appel. Ces conditions sont relativement basses, ceci afin « d'élargir autant que possible le réservoir des juges populaires[23] ».

II. ANALYSE DU SYSTÈME

Le système italien du juge populaire a déjà été analysé, sous un angle sociologique, par Anne Jolivet[24]. En ce qui nous concerne, deux axes d'analyse nous semblent pertinents. D'une part, l'Italie rappelle que la « participation directe du peuple à l'administration de la justice » est avant tout une question *politique* (A). D'autre part, et en conséquence, se pose la question des *rapports*, au sein de la cour d'assises, *entre la composante professionnelle et la composante laïque* (B).

A. PARTICIPATION DU PEUPLE À L'ADMINISTRATION DE LA JUSTICE ET CHOIX POLITIQUE(S)

Le choix de la participation du peuple à l'administration de la justice, en particulier de la justice pénale, est, à l'évidence, une question politique voire un « calcul politique[25] ». Ainsi certains régimes n'ont pas eu intérêt à favoriser cette participation – que l'on pense aux pressions allemandes sur la République

20. Loi n° 287 du 10 avr. 1951, art. 5.
21. M. Chiavario, *Diritto processuale penale*, 7e éd., Utet, 2017, p. 79.
22. Code de procédure pénale italien, art. 5.
23. L. Luparia Donati et G. Fiorelli, *op. cit.*
24. Par ordre chronologique : v. A. Jolivet, « Pour un autre procès en cour d'assises? L'éclairage du cas italien », *Droit et cultures* 2008, 55, p. 103-120; *La participation des citoyens à la fonction de juger en France et en Italie. Une étude socio-anthropologique du jury populaire en cour d'assises*, thèse Lyon 2, 2012; « Le jury populaire au sein du procès criminel italien. Quels enseignements pour l'observateur français? », *Cah. just.* 2012. 69; « Les jurés face aux émotions du procès criminel. Regards croisés France-Italie », *Cah. just.* 2014. 63.
25. F. Cordero, *Procedura penale*, 9e éd., Giuffrè, 1987, p. 269.

sociale italienne pour supprimer les cours d'assises[26]. Plus précisément, deux moments clés de l'histoire juridique italienne permettent de mieux comprendre l'importance politique de la question : la réforme de 1931 et les débats à l'Assemblée constituante.

Dans une étude détaillée de *la réforme fasciste de la cour d'assises*[27], Renzo Orlandi dresse l'arrière-plan d'un changement fondamental, celui d'intégrer les jurés, devenus assesseurs, à la cour et de les faire délibérer sur l'entièreté du dossier avec les juges professionnels. Certes, le jury version 1865 – séparé de la cour et ne statuant que sur les faits – fait quoi qu'il en soit l'objet de nombreuses critiques depuis sa création[28]. L'Allemagne, de son côté, supprime le jury au profit de l'échevinat en 1924 et peut apparaître comme un modèle de la réforme italienne[29]. Pour autant, la raison d'être de la réforme de 1931 se trouve dans l'idéologie fasciste elle-même : si les rapports entre État et individus sont totalement inversés au profit du premier et au détriment du second – « élément infinitésimale et éphémère de l'organisme social » selon les mots du garde des Sceaux Rocco[30] –, alors la présence d'un élément représentant la souveraineté populaire et, donc, une certaine démocratie, au sein des juridictions est totalement contraire au régime[31]. D'où une alternative : supprimer complètement l'institution du jury ou bien passer à l'échevinat et accentuer l'influence de la composante professionnelle de la juridiction. Si le choix finalement fait par le gouvernement de l'échevinat pourrait, à première vue, être interprétée comme marche arrière du régime fasciste, Renzo Orlandi considère, au contraire, que « le choix d'impliquer l'élément populaire, dûment "domestiqué", dans l'exercice de la juridiction pénale, a un puissant effet symbolique capable d'irradier sur la collectivité tout entière. Et l'on sait l'importance que revêtent, pour les régimes dictatoriaux, les halos symboliques du pouvoir[32] ». Lors de la présentation du projet de loi, le ministre Rocco précise d'ailleurs que l'assesseur « intervient non comme représentant de la soi-disant souveraineté populaire (n'existant pas d'autre souveraineté que celle, unitaire et indissociable, de l'État), mais comme élément intégré à l'organe juridictionnel [...], et donc assujetti comme tel à la souveraineté de l'État et à la volonté de la loi[33] ». Parmi les exigences pour devenir assesseur, est imposée dès 1934 l'inscription au parti fasciste[34]. Les assesseurs sont nommés par le ministre de la Justice par un acte insusceptible de recours et fondé sur une liste fournie par le président de la cour d'appel

26. A. Meniconi, *op. cit.*, p. 807 (version e-book).
27. R. Orlandi, *op. cit.*
28. Sur lesquelles v. F. Colao, *op. cit.*, spéc. p. 252 s.
29. En ce sens, L. Luparia Donati et G. Fiorelli, *op. cit.*
30. E. Cipolla, « Alfredo Rocco e i codici penali », *Riv. Pen.* 1941, p. 1026.
31. R. Orlandi, *op. cit.*, spéc. p. 228-229.
32. *Ibid.*, spéc. p. 229.
33. *Gazetta ufficiale del regno d'Italia*, 28 mars 1931, p. 1427-1428.
34. Décret royal n° 249 du 23 mars 1931, art. 4 al. 1 c) tel que modifié par le décret royal n° 1162 du 5 juill. 1934.

en collaboration avec le procureur général. On peut donc parler de véritable « méfiance du régime fasciste à l'égard du jury populaire[35] ». Même si les résultats obtenus par les nouvelles cours d'assises ne semblent pas avoir été à la hauteur des attentes du gouvernement, notamment à cause de la résistance de la composante laïque[36], il nous paraît fondamental de noter l'emprise politique dans une réforme de cette ampleur. Ce poids du politique n'est pas propre au fascisme : le jury à l'anglo-française avait, par exemple, déjà joué « un rôle central dans les revendications libérales qui apparurent dès les premiers mouvements d'insurrection de 1820[37] » et menèrent à l'unification du royaume d'Italie.

Au sortir du fascisme, c'est à nouveau de choix politiques dont il est question lors *des discussions au sein de l'Assemblée constituante*[38]. Au sein de la commission préparatoire, soit avant le vote du projet de Constitution qui sera ensuite envoyé à l'Assemblée constituante, on mentionne à nouveau la difficulté de séparer le droit et le fait en cas de retour au *jury* ne statuant que sur les faits, tout en se demandant si un tel choix a bien sa place dans une Constitution[39], ce à quoi on répond que le jury est un « acquis démocratique » dont la Constitution de la Première République italienne ne saurait se passer[40]. Tant et si bien que le projet définitif élaboré par la commission contient un article à part, l'article 96, selon lequel « le peuple participe directement à l'administration de la justice par l'intermédiaire de l'institution du jury dans les procès de cours d'assises[41] ». Les esprits s'échauffent un peu plus lors des discussions au sein de l'Assemblée constituante elle-même, certains proposant d'abolir l'article 96 en s'opposant à une « institution imparfaite et impossible à parfaire[42] » et en rappelant que, souveraineté populaire oblige, le peuple participe à l'administration de la justice via la magistrature. L'on parle même de démagogie[43] et l'on provoque les applaudissements nourris en déclarant que « toutes les causes pénales, de quelque consistance qu'elles soient, doivent être jugées par un magistrat professionnel, le seul qui dispose

35. L. Luparia Donati et G. Fiorelli, *op. cit.*
36. R. Orlandi, *op. cit.*, spéc. p. 232 s.
37. L. Luparia Donati et G. Fiorelli, *op. cit.* Le jury est alors perçu comme « un moyen de limiter les abus des magistrats professionnels » dont l'indépendance n'est pas garantie : A. Jolivet, « Pour un autre procès en cour d'assises ? L'éclairage du cas italien », *op. cit.*
38. D. Gentile, « La figura del giudice popolare: il necessario bilanciamento tra partecipazione diretta all'amministrazione della giustizia e principi che regolano il giudizia. Comparazione con i sistemi di Common Law », *Iura & Legal Systems* 2015, p. 177.
39. Position de Giovanni Leone lors des discussions du 31 janv. 1947 [https://www.nascitacostituzione.it].
40. Position de Enrico Molè lors des discussions du 31 janv. 1947 [https://www.nascitacostituzione.it].
41. V. le texte du projet sur [https://www.nascitacostituzione.it].
42. Position de Alessandro Turco lors des discussions du 6 nov. 1947 [https://www.nascitacostituzione.it].
43. Position de Pietro Mastino lors des discussions du 6 nov. 1947 [https://www.nascitacostituzione.it].

de la compétence, la capacité, l'expérience pour assurer le triomphe de la justice[44] » ! Tout cela pour arriver à la formulation définitive de l'article 102 alinéa 3 selon lequel « la loi réglemente les cas et les formes de la participation directe du peuple à l'administration de la justice ».

En réalité, Franco Cordero résume bien l'expérience italienne et distingue de manière très pertinente valeur technique et valeur politique de la participation du peuple à la justice :

> « Le juge populaire est censé apporter un peu d'intuition, de sensibilité, de sagesse, etc. [Mais] l'apport populaire, lorsqu'il n'est pas dommageable, reste inférieur à celui d'un médiocre magistrat de carrière. Les formes de jugement basées sur l'inexpérience du droit, sur le refus de la logique et sur les impulsions de l'instinct social peuvent conduire à des conséquences fort malheureuses. Le raisonnement juridique exige une expérience qui ne s'acquiert pas par décret et, en ce qui concerne l'établissement des faits, il est difficile d'imaginer ce qu'il peut y avoir de bon lorsqu'on ne suit pas les voies de la raison. Demeure le "saint sentiment du peuple", instrument disponible pour de multiples usages mais peu approprié à la résolution d'énigmes judiciaires. En somme, le juge populaire ne se justifie pas sur le plan technique car, dans l'hypothèse la plus heureuse, le résultat obtenu équivaut à celui que nous aurions atteint, en prenant moins de risques, avec un collège de magistrats professionnels. Mais "la participation directe du peuple à l'administration de la justice" n'a pas été introduite pour son utilité technique. Le motif est d'ordre politique et, sous cet aspect, particulièrement respectable. La participation du peuple à l'activité judiciaire [...] a chez nous une fin pédagogique qui implique les protagonistes et les spectateurs du procès. L'expérience du jugement transforme le juge. *Ici demeure l'aporie de la cour d'assises : techniquement, l'instrument est imparfait, mais on ne peut exclure les citoyens de la responsabilité du jugement sans mettre à mal un important instrument pédagogique.* La meilleure solution consiste à conserver le principe en atténuant par des corrections opportunes le risque d'un jugement malavisé[45]. »

La question est tellement politique que la solution n'en est qu'imparfaite, en tout cas constitutionnellement, puisque l'article 102 alinéa 3 renvoie, pour le détail et sans mentionner la cour d'assises – contrairement à l'article 96 du projet constitutionnel –, à la loi ordinaire.

---

44. Position de Giovanni Ciampitti lors des discussions du 6 nov. 1947 [https://www.nascitacostituzione.it].
45. F. Cordero, *op. cit.*, p. 269 (nous soulignons).

B. COMPOSANTE PROFESSIONNELLE ET COMPOSANTE LAÏQUE DE LA COUR D'ASSISES

L'importance des rapports entre composante professionnelle et composante laïque se constate historiquement. En effet, la réforme fasciste de 1931, qui fusionnait les deux composantes en un collège unique, tendait à garantir la mainmise des magistrats professionnels sur le verdict. La magistrature italienne avait vu son indépendance – déjà nuancée sous les régimes précédents[46] – en pratique abolie sous le fascisme et était devenue « un simple appareil administratif[47] », le fascisme étant en partie fondé sur le dépassement de la séparation des pouvoirs[48]. La réforme de la cour d'assises s'inscrivait donc, comme on a pu le noter, dans un mouvement de fascisation des institutions judiciaires[49]. Sentant le poids de l'exécutif sur leur carrière, les magistrats avaient ainsi tendance à tenter d'influencer les assesseurs laïcs afin que la décision corresponde aux exigences politiques du moment. On a ainsi pu noter des cas où les magistrats substituaient, lors de la motivation de la décision, l'appréciation de la majorité par leur propre jugement[50], voire des cas de « *sentences suicides* [...] rédigées par un des deux magistrats minoritaires contre la majorité numérique des assesseurs et motivées de sorte à ouvrir la voie à un recours en cassation[51] » afin de faire annuler la décision[52]. Même si les prérequis pour être assesseur puis juge populaire seront modifiés à la chute du régime fasciste, aucun retour au jury au sens classique ne sera amorcé. On en revient donc à l'alternative entre jury au sens propre et échevinat, déjà « un des problèmes les plus controversés au sein de l'*Assemblea costituente*[53] ». Lors des débats préparatoires à la loi de 1951, chargée de mettre en application l'article 102 alinéa 3 de la Constitution qui ne tranche pas entre jury et échevinat, la majorité avance un argument décisif : puisque l'article 102 alinéa 3 de la Constitution fait obligation au législateur de prévoir une participation *directe* du peuple à l'administration de la justice, alors cela veut dire que, dans l'esprit du constituant, la composante populaire doit décider sur *toute* l'affaire, le fait comme le droit. Autrement dit, l'« unique solution possible [est celle d']un collège mixte, mais unitaire[54] ».

46. Pour une présentation détaillée de l'indépendance de la magistrature italienne depuis la Rome antique, v. G. Scarselli, *Ordinamento giudiziario e forense*, 4e éd., Giuffrè, 2013, p. 39 s.
47. *Ibid.*, p. 62.
48. S. Foderaro, « La teorica della divisione dei poteri nel diritto pubblico fascista », *Rivista di diritto pubblico* 1939. I. 748.
49. R. Orlandi, *op. cit.*
50. E. Berlinguer, *La crisi della giustizia nel regime fascista*, Migliaresi, 1944, p. 17.
51. A. Meniconi, *op. cit.*, p. 540 (version e-book).
52. L'appel n'est à l'époque pas possible aux assises. Sur les sentences suicides, v. C. Passarella, *Una disarmonica fusione di compentenze: magistrati togati e giudici popolari in corte d'assise negli anni del fascismo*, Historia et ius, 2020.
53. L. Luparia Donati et G. Fiorelli, *op. cit.*
54. Rapport présenté le 6 févr. 1950, disponible en ligne [http://legislature.camera.it/_dati/leg01/lavori/stampati/pdf/07090002.pdf], p. 3 s.

Plus largement, on a pu faire remarquer que les rapports entre composante professionnelle et composante populaire de la cour d'assises étaient marqués par une différence fondamentale dans le serment que chacun prête. Pour faire simple, alors que les magistrats professionnels se doivent d'être fidèles à la République et de juger selon la loi, le serment du juge populaire lui impose de se décider en justice. Ce dont il découlerait, selon un auteur, une différence fondamentale de fonction : « le juge professionnel représente la loi, le juge populaire représente la justice[55] ». On en revient alors à la nature politique de cette participation directe du peuple à l'administration de la justice...

La question des relations et de la possible influence d'une composante sur l'autre de la cour d'assises résulte, enfin, du nombre des juges populaires. Ils sont actuellement six à siéger aux côtés de deux juges professionnels. On a pu à ce titre parler d'une « proportion écrasante[56] », d'où une certaine « méfiance[57] » qui se traduit par l'exclusion de certains crimes de la compétence de la cour d'assises[58]. En effet, ne relèvent pas, en tout état de cause, de la compétence de la cour d'assises : la tentative d'homicide, le vol avec violences, l'extorsion, les infractions mafieuses[59], la séquestration de personnes en vue d'une extorsion (sauf en cas de décès de la personne séquestrée), et les infractions prévues par le texte unique sur les stupéfiants[60]. La participation directe du peuple à l'administration de la justice criminelle, si elle existe toujours en Italie, diminue donc dans le temps, certains parlant même d'atrophie[61].

Quoi qu'il en soit, les enquêtes de terrain menées par Anne Jolivet semblent montrer un autre visage de la cour d'assises, pourtant composée majoritairement de juges populaires :

> « Lorsque les jurés évoquent leur expérience, ils le font toujours en des termes positifs, cependant leur enthousiasme est presque systématiquement terni par la déception de n'avoir pas pu participer pleinement aux jugements des crimes. L'explication qu'ils donnent appartient toujours au registre d'un manque de compétence et d'une différence qui existe entre ce que leur regard profane apporte et ce que la justice attend : un regard d'expert, qui n'est autre que celui que détient le juge professionnel[62]. »

55. F. Colace, « La Corte di assise ed i suoi assurdi: la legge che la disciplina è costituzionale? », *Il Foro Italiano* 1959, vol. 82, n° 7, p. 171.
56. F. Cordero, *op. cit.*, p. 269.
57. O. Dominioni *et al.*, *Procedura pénale*, 7e éd., Giappichelli, 2018, p. 81.
58. R. Orlandi, *op. cit.*, spéc. p. 238.
59. L'idée étant ici de protéger les juges populaires de toute pression ou menace : v. D. Gentile, *op. cit.* Sur la procédure applicable à la mafia, v. récemment V. Manza, *Legislazione antimafia. Doppio binario e modello differenziato di giustizia pénale*, Giuffrè, 2023.
60. Code de procédure pénale italien, art. 5.
61. R. Orlandi, *op. cit.*, spéc. p. 239.
62. A. Jolivet, « Pour un autre procès en cour d'assises ? L'éclairage du cas italien », *op. cit.*

L'une des explications avancées, cette fois-ci par les magistrats, tient à l'exigence constitutionnelle de motivation, ce qui amène à se poser « la question de la compatibilité entre la présence d'un jury participant au vote en fait et en droit et l'obligation de motiver juridiquement la décision prononcée[63] ». Où l'on voit que la participation du peuple à la justice criminelle a des implications dans la structure même de la procédure pénale !

CONCLUSION : LES ENSEIGNEMENTS DU SYSTÈME ITALIEN

En conclusion de cette trop brève analyse du rôle du citoyen dans le jugement des affaires criminelles en Italie, il nous semble possible de soumettre à la réflexion trois enseignements majeurs.

Tout d'abord, l'Italie confirme, si besoin il en était, que l'idée même de la participation du peuple à l'administration de la justice – indépendamment de sa forme – est d'abord et avant tout *une question politique* et, donc, une question susceptible de manipulations politiques. Loin d'avoir perdu de sa force, la dimension politique de la participation du peuple à la justice, en particulier criminelle, doit être assumée pour mieux être questionnée.

Ensuite, les analyses de Franco Cordero distinguant *utilité/valeur technique et utilité/valeur politique* des juges populaires pourraient rééclairer le débat français où, nous semble-t-il, on répond parfois à la technique par la politique et à la politique par la technique[64].

Enfin, il faut quand même noter que, parmi les ouvrages récents de procédure pénale, tous ne mentionnent pas le jury et/ou la cour d'assises dans l'index ni même dans le plan[65]. Certains ne parlent même pas de l'article 102 de la Constitution lorsqu'ils étudient les principes constitutionnels applicables à la procédure pénale[66]. Lorsque sont étudiées des procédures pénales dites particulières, il s'agit surtout de la procédure devant le juge unique, de la procédure devant le juge de paix, de la procédure devant le tribunal des mineurs ou encore de la procédure pour l'établissement de la responsabilité administrative des entités en cas de commission d'une infraction. Certes, des interrogations existent sur la question de l'impartialité du jury ou encore sur sa capacité à apprécier les preuves scientifiques[67]. Mais la cour d'assises et ses juges populaires ne semblent pas être analysés comme particulièrement problématiques. Il faut dire que la diminution progressive de la compétence

63. *Id.*

64. Nous sommes bien conscients que la délimitation peut être fine !

65. Ouvrages consultés : P. Tonini et C. Conti, *op. cit.* ; O. Dominioni *et al.*, *Procedura pénale*, *op. cit.* ; G. Conso, V. Grevi et M. Bargis, *Compendio di procedura penale*, 9e éd., Giuffrè, 2018. Signalons l'exception de M. Chiavario, *op. cit.*, p. 79.

66. O. Dominioni *et al.*, *op. cit.*, p. 14 s. Dès les années soixante, en réalité, on ne cite plus qu'en note de bas de pages les opposants au système de la cour d'assises. V. par ex. P. Biscaretti di Ruffia, *op. cit.*, note 17, p. 491.

67. V. en ce sens D. Gentile, *op. cit.*, qui propose de réfléchir à intégrer des juges populaires spécialisés à l'image de ce qui est prévu pour les juridictions pour mineurs.

des cours d'assises rendrait aujourd'hui possible sans trop de problèmes une suppression de cette juridiction, même si cela ne semble pas être le vœu ni des juges, professionnels comme populaires[68], ni des procureurs[69]. Il convient néanmoins de faire un cas à part de l'analyse de Renzo Orlandi, qui voit dans le maintien de l'échevinat et le refus du jury, même après la réforme « accusatoire » de 1989, la manifestation de « l'inconscient inquisitoire » italien[70]. Où l'on revient au paradoxe et au caractère fascinant du système italien, qui peut analyser comme inquisitoire une juridiction où participe le peuple au sein d'un système se voulant, depuis 1989, accusatoire !

---

68. A. Jolivet, « Pour un autre procès en cour d'assises ? L'éclairage du cas italien », *op. cit.*
69. E. Bruti-Liberati *et al.*, « Table ronde. Mutations européennes », *Cah. just.* 2017. 665.
70. R. Orlandi, *op. cit.*, spéc. p. 239.

Le jury criminel aux États-Unis : entre mythe et réalité

LOLA EGIDO

Doctorante en droit privé et sciences criminelles à l'Université Paris 13

Lorsque nous évoquons le jury populaire aux États-Unis, le film *Douze hommes en colère* réalisé par Sydney Lumet en 1957 apparaît rapidement dans l'esprit de chacun. Ce film met en scène la délibération d'un jury populaire américain invité à se prononcer sur un parricide qui aurait été commis par un jeune homme de 18 ans. Cette œuvre est particulièrement révélatrice des obstacles pouvant apparaître dans l'élaboration d'un consensus au sein du jury américain. La présente contribution est une invitation à la découverte de ce jury, tant sur le plan théorique que sur le plan pratique. Il s'agira d'étudier son organisation, son fonctionnement et la place qu'il occupe aujourd'hui dans la procédure pénale américaine.

L'étude de ce dernier revêt une importance particulière et ce, pour plusieurs raisons. D'abord, parce que l'étude du droit comparé permet d'anticiper les problématiques que l'on serait susceptible de rencontrer au sein de notre propre système juridique. Mais il peut également servir d'inspiration pour parfaire ce dernier. En l'occurrence, l'observation d'un mécanisme issu de la *Common Law* se révèle particulièrement instructive.

Ensuite, l'étude du jury américain est intéressante car il occupe, sur le plan théorique, la place la plus importante de son système juridique en comparaison avec les autres pays (I), il est pourtant l'un des plus menacés sur le plan pratique (II).

I. L'IMPORTANCE DU JURY AMÉRICAIN SUR LE PLAN THÉORIQUE : UNE GARANTIE DÉMOCRATIQUE AU CŒUR DE LA PROCÉDURE

L'importance du jury américain se mesure à la fois sur le plan historique, au regard de la place qui lui a été accordée dans la Constitution (A), mais également sur le plan procédural, au regard de la place qu'il occupe dans la procédure pénale américaine (B).

A. UNE PLACE CONSTITUTIONNELLE DE CHOIX

Le jury populaire occupe une place particulière dans la procédure criminelle de *Common Law*. Naturellement, le jury criminel américain ne fait pas exception à cette règle puisqu'il jouit d'une garantie constitutionnelle et ce, depuis la fondation des États-Unis. En effet, il figure depuis lors à l'article III de la Constitution américaine qui énonce que *« The trial of all crime shall be by jury »* et dans le 6e et 7e Amendements à la Constitution inclus dans le *Bill of Rights* de 1791.

D'un point de vue juridique, le jury américain bénéficie d'une assise solide dans la Constitution tandis que le jury français se contente, depuis la IIIe République, d'apparaitre dans les textes législatifs[1]. Cette place de choix accordée au jury populaire américain s'explique notamment par le fait que le système américain repose historiquement sur une méfiance à l'égard du pouvoir étatique. En exerçant une mission de participation directe du citoyen à la justice, le jury populaire américain apparaît comme une garantie contre le despotisme et le risque de corruption des juges. En somme, le jury populaire est un véritable espace de démocratie locale indépendant du pouvoir en place.

C'est la raison pour laquelle, le jury criminel américain occupe une place prépondérante dans la procédure. Celui-ci est de rigueur devant les juridictions fédérales, mais également devant les juridictions étatiques depuis l'arrêt de la Cour Suprême *Duncan v. Louisiana* de 1968[2].

B. UNE PLACE CENTRALE AU SEIN DE LA PROCÉDURE

Pour comprendre la place du jury populaire aux États-Unis, il faut étudier son fonctionnement. À cet égard, il convient de préciser que, comme en France au moment de la Révolution, il y a en réalité deux jurys dotés de rôles distincts : le grand jury et le petit jury. Ces deux jurys interviennent et

1. V. au sujet de la consécration constitutionnelle du jury criminel en France jusqu'à la IIe République, B. Fiorini, « Le jury, "Dieu merci" ! Cinq propositions de QPC pour lutter contre les cours criminelles départementales », *Lexbase pénal* 2023, n° 60.
2. *Duncan v. Louisiane*, 391 US 145 (1968).

se prononcent lors d'étapes clés de la procédure : pour le premier, lors de l'orientation des poursuites et pour le second, lors du jugement.

Ainsi, le grand jury, encore appelé *jury d'accusation*, se prononce sur l'opportunité de présenter une personne poursuivie devant la juridiction de jugement. Pour cela, le grand jury, composé de 16 à 23 citoyens, doit déterminer s'il existe une *probable cause* (cause probable) de penser que l'individu qui lui est présenté a commis l'infraction qui lui est reproché. En ce sens, le grand jury est une garantie contre les poursuites arbitraires puisque ce sont les citoyens qui se déterminent sur l'opportunité de poursuivre la procédure devant une juridiction de jugement. En outre, leur décision n'est susceptible d'aucun recours et ce, afin de préserver l'expression démocratique.

Deux particularités de ce jury sont tout de même à noter. Non seulement, la procédure se déroule à huis clos[3], à l'abri du regard du public mais, de surcroit, les accusés et leurs avocats ne sont pas autorisés à comparaitre devant le grand jury. Ainsi, il n'est pas rare[4] de voir le grand jury questionné s'agissant de son impartialité. En effet, les citoyens composant le jury ont, à ce stade, le procureur pour seul interlocuteur qui expose lui-même ses preuves provenant de l'enquête. La procédure américaine reposant sur l'*adversarial system* (la procédure accusatoire), c'est-à-dire d'un duel entre l'accusation et la défense[5], ce moment privilégié avec les jurés est un avantage considérable pour l'accusation et le risque d'influence sur la décision des jurés par conséquent est élevé.

Le petit jury, quant à lui, est également appelé *jury de jugement* puisqu'il se prononce sur la culpabilité du prévenu. Ce dernier se démarque du grand jury à bien des égards. Composé seulement de 12 citoyens, ce jury opère dans un procès public et en présence des accusés et de leur avocat qui ont désormais le droit de comparaitre. Seule la délibération du petit jury se déroule à huis clos.

Le jury américain étant chargé de trancher sur la culpabilité, la procédure de sélection des jurés américains est une phase particulièrement longue et minutieuse. Elle se déroule en deux étapes : le *venire* et le *voire dire*.

La première étape de la sélection, le *venire*, consiste à établir une liste des personnes répondant à certains prérequis nécessaires pour être jurés. Les prérequis sont les suivants : être citoyen américain, être âgé d'au moins 18 ans, n'être atteint d'aucune altération physique ou mentale qui serait incompatible avec la fonction de juré, avoir sa résidence principale dans le district de la cour, ne pas avoir fait l'objet d'une accusation pour une infraction punie de plus d'un an d'emprisonnement, maîtriser l'anglais et ne jamais avoir été

3. Le huis clos permet notamment de préserver l'anonymat des jurés afin d'éviter les éventuelles pressions extérieures.
4. Ce fut notamment le cas lorsque Donald Trump a été inculpé par un grand jury le 30 mars 2023 pour avoir acheté le silence d'une actrice pornographique avec laquelle il aurait entretenu des relations extraconjugales.
5. V. sur ce point C. Besnier, *La vérité côté cour*, La Découverte, 2017, p. 95-123.

reconnu coupable d'un crime. Dans la grande majorité des cas, les personnes répondant à ces conditions sont tirées au sort au sein des listes électorales.

La deuxième étape de la sélection, le *voire dire*, consiste pour les avocats et le procureur à tester la partialité des jurés sélectionnés lors du *venire* en leur posant un certain nombre de questions préalablement préparées. À cette occasion, ces derniers ont la possibilité de récuser les jurés qu'ils soupçonnent avoir des préjugés susceptibles d'influencer la décision qui sera rendue. Les avocats et le procureur disposent de deux types de récusations : les récusations motivées *(challenge of cause)* et les récusations discrétionnaires *(peremptory challenge)*. Le nombre de récusations motivées est illimité, pourvu que la partialité du juré récusé soit démontrée par des critères objectifs. Les motivations fondées sur des critères discriminatoires (sexe, race, religion, âge...) sont naturellement exclues. À l'inverse, les récusations discrétionnaires peuvent être effectuées sans motivation. Leur nombre est en revanche limité et varie selon les États de trois à vingt récusations pour chaque partie. Ces dernières récusations font l'objet de nombreuses critiques[6]. D'abord, parce qu'elles permettent d'écarter un citoyen de son droit à siéger en tant que jury sans justification. Ensuite, parce qu'elles permettent, de façon insidieuse, d'écarter certaines portions de la population sur le fondement de discriminations raciales.

Cette dernière étape de la sélection revêt une importance particulière pour les parties. En effet, l'enjeu est de taille pour les avocats car l'une des critiques récurrentes à l'égard du jury est qu'il est imprévisible. Il est nécessairement plus difficile d'anticiper la décision d'un panel de citoyens sélectionnés aléatoirement que celle d'un magistrat. C'est la raison pour laquelle, les avocats font parfois appel à des « *jury consultant*[7] », des conseillers chargés d'aiguiller les avocats dans la sélection des jurés. Les *jurys consultants* traquent les profils de jurés susceptibles de voter en leur faveur et, par conséquent, d'augmenter leur chance de gagner le procès en se fondant sur des stéréotypes sociaux.

Tous ces éléments ont pour conséquence de rendre les récusations nombreuses aux États-Unis et ralentissent la procédure. À titre de comparaison, en France, l'article 298 du Code de procédure pénale prévoit que sur les trente-cinq jurés tirés au sort, la défense ne peut récuser que quatre personnes et le ministère public que trois.

Contrairement au jury français, le jury américain ne statue que sur la culpabilité et non sur la peine. La peine étant fixée par le juge. Par conséquent, la plupart des États et des tribunaux fédéraux n'informent pas le jury de la peine encourue par l'accusé, considérant que la peine n'est pas l'affaire du jury. Cette pratique a été validée par la Cour suprême en 1994

---

6. E. Liddell, « Représentativité et impartialité aux États-Unis. L'exemple de la sélection des jurys de procès », *Revue de recherche en civilisation américaine* 2009 [en ligne].
7. A. Garapon et I. Papadopoulos, *Juger en Amérique et en France*, Paris, Odile Jacob, 2003, p. 67.

qui a considéré que « les jurés ne doivent pas tenir compte des conséquences de leur verdict[8] ». Cette solution permet notamment de s'assurer que le jury n'est pas influencé ou impressionné par la peine encourue lors du prononcé sur la culpabilité. En outre, le quantum des peines peut être particulièrement élevé aux États-Unis car, non seulement des peines planchers sont prévues dans bon nombre de cas, mais également parce que le cumul des peines est de rigueur[9].

Enfin, contrairement au système français qui prévoit que les jurés et les juges délibèrent ensemble à bulletins secrets, les jurés américains délibèrent seuls, sans la présence des magistrats. Cette règle raisonne avec les considérations que nous avons mentionnées sur la défiance systémique à l'égard du pouvoir et des juges. En effet, la séparation entre les jurés et les juges est considérée comme une garantie pour éviter d'éventuelles pressions ou influences sur les jurés et permet de s'assurer qu'ils puissent jouer pleinement leur rôle de gardien contre les décisions arbitraires.

En pratique, cela à son importance puisque des études réalisées par des chercheurs américains ont montré que, de manière générale, les jurés sont moins enclins à prononcer la culpabilité que les juges. En effet, le jury a tendance à acquitter quand les juges décident de condamner plus de fois (19 %) que les jurys condamnent lorsque les juges acquittent (6 %)[10]. Ainsi, il faut en déduire qu'il existe un risque que les juges puissent influencer les jurés en faveur d'une condamnation.

En somme, le jury populaire américain occupe une place prépondérante dans les textes et ce, en raison de son assise historique. Il ressort de cette première approche du jury le constat suivant : la volonté, dans les textes, de le faire intervenir à différentes étapes clés de la procédure et de préserver son impartialité. Pourtant, dans la pratique, plusieurs éléments témoignent du déclin du jury américain.

8. *Shannon v. United States*, 512 US 579 (1994).

9. Pour une critique sur ce point v. D. Epps et W. Ortman, « The Informed Jury », *Vanderbilt Law Review*, vol. 75:3, p. 823-890. Dans cet article, les auteurs montrent en quoi l'information du jury sur la peine aurait des conséquences sur le prononcé de la culpabilité. En effet, cela conduirait notamment à rendre le jury plus prudent, plus exigeant d'un point de vue de la preuve et moins enclin à condamner dès lors que la peine encourue lui apparaitrait excessive et injuste. En ce sens, les auteurs parlent d'une forme de rationalisation de la condamnation par le jury.

10. T. Eisenberg, P. Hannaford-Agor, V. Hans et N. Waters, « Judge-Jury Agreement Incriminal Cases: A Partial Replication of Kalven and Zeisel's The Americain Jury », *Journal of Empirical Legal Studies*, mars 2005, vol. 2, p. 181.

II. LE DÉCLIN DU JURY AMÉRICAIN SUR LE PLAN PRATIQUE

Deux grands axes permettent de comprendre le déclin du jury américain. D'une part, plusieurs éléments permettent de constater que le jury américain traverse une crise de légitimité (A). D'autre part, le procès devant jury se voit peu à peu relégué au second plan car concurrencé par l'émergence de nouvelles procédures (B).

A. LES CRITIQUES DE FOND SUR LE JURY : LE DÉCLIN DE SA LÉGITIMITÉ

La question de la crise de la légitimité du jury américain est étroitement liée au principe de représentativité. Ce principe est une exigence propre au droit américain puisque le droit français n'en fait pas mention. Il exige que le jury soit le reflet de l'ensemble de la population américaine, ce qui signifie que tous les citoyens doivent pouvoir accéder à la mission de jury, quels que soient leur genre, leur culture, leur religion, leur ethnie et leur milieu économique ou social.

Si cette exigence n'est pas prévue par la Constitution américaine, la Cour suprême des États-Unis a consacré ce principe dans un arrêt *Taylor v. Louisiana* de 1975[11]. En effet, la Cour considère que l'objectif de procès équitable et de jury impartial[12] va de pair avec la nécessité d'établir des listes représentant un juste segment de la société *(fair cross-section of the community)*.

Tout l'enjeu du respect du principe de la représentativité réside dans la méthode de sélection employée. Le tirage au sort est privilégié par les États car cette méthode est considérée comme étant la plus démocratique. Toutefois, ce tirage doit être effectué dans une portion représentative de la population. Dans la majorité des cas, le tirage est effectué sur les registres électoraux. Si ce procédé apparaît satisfaisant sur le plan théorique, il entraine une sous-représentation des minorités dans la pratique, notamment des pauvres et des jeunes. En effet, comme la France, les États-Unis connaissent une crise de la participation à la vie démocratique. Par conséquent, beaucoup d'Américains ne sont pas inscrits sur les listes électorales. Conscients de cette problématique, certains États ont élargi le champ de leur sélection aux listes du permis de conduire, aux registres fiscaux, aux listes d'immatriculation des véhicules ou encore aux annuaires téléphoniques[13].

Malgré ces efforts, cette exigence de représentativité n'est pas satisfaite dans la plupart des États, aucune de ces méthodes n'ayant permis une

11. *Taylor v. Louisiana*, 419 US 522 (1975).
12. Prévu par le XIe Amendement de la Constitution américaine.
13. E. Liddell, « Représentativité et impartialité aux États-Unis. L'exemple de la sélection des jurys de procès », *op. cit.*

représentation parfaite de la population. À ce sujet, les études sur la représentativité sont unanimes : dans les tribunaux fédéraux, la sous-représentation des minorités est de loin la norme plutôt que l'exception, au point que certains auteurs parlent de « sous-représentation[14] » systémique qui s'inscrit dans le temps long.

Les minorités raciales sont les premières impactées par la sous-représentation, dont les causes sont multiples. D'abord, il faut évoquer les difficultés à trouver un groupe représentatif dès le début de la sélection, au stade du *venire*. Ensuite, le recours aux récusations péremptoires présente une part importante de la discrimination. Nombreux sont les avocats ou les procureurs qui récusent sur des critères discriminatoires. Aussi, certaines causes d'exclusions discriminatoires reposent sur des stéréotypes. À titre d'exemple, une pratique consistant à récuser les jurés étant opposés à la peine de mort est née dans les États dans lesquels la peine de mort est légale. Cette pratique, avalisée par la Cour suprême en 1986[15], a pour effet collatéral de cibler une partie de la population. En effet, selon les statistiques, les femmes et les minorités raciales sont plus enclines à être opposées à la peine de mort que les hommes blancs[16]. Par conséquent, cette sélection, sous couvert de neutralité, exacerbe en réalité le risque de distorsion raciale et sexuelle.

La sous-représentation entraîne plusieurs conséquences. D'abord, et de façon évidente, elle exclut du droit à être juré une partie des citoyens sur des critères discriminatoires. Ensuite, de façon plus générale, les conséquences portent sur la légitimité du jury. Des études montrent que les citoyens ont tendance à remettre en question la légitimité des verdicts provenant de jurys homogènes sur le plan racial[17]. En effet, en plus d'être une garantie contre l'arbitraire, le jury permet de légitimer démocratiquement les décisions judicaires. Dès lors, le jury est soupçonné de partialité s'il est homogène sur le plan racial ou sexuel. À titre d'exemple, certaines affaires ont soulevé l'indignation de la population américaine lorsque la composition du jury interrogeait. C'est le cas de l'affaire Rodney King notamment ou plus récemment l'affaire Ahmaud Arbery[18].

En plus des problématiques liées à la représentation, la remise en cause de l'unanimité dans certains États participe à l'exclusion des minorités dans l'exercice de la fonction de jury. En effet, il est naturellement plus aisé de

14. M. Rose, « Jury Pool Underrepresentation in the Modern Era: Evidence from Federal Courts », *Journal of Empirical Legal Studies* 2018, vol. 15, p. 378-405.
15. *Lockhart c. McCree*, 476 US 162 (1986).
16. E. Liddell, « Représentativité et impartialité aux États-Unis. L'exemple de la sélection des jurys de procès », *op. cit.*
17. M. Rose, « Jury Pool Underrepresentation in the Modern Era: Evidence from Federal Courts », *op. cit.*
18. V. notamment l'article de *Courrier international* intitulé « États-Unis : le jury du procès du meurtre d'Ahmaud Arbery jugé trop blanc » publié en novembre 2021.

contourner les minorités présentes dans la composition du jury dans un vote à la majorité.

Les dispositions constitutionnelles relatives au jury ne précisent pas les modalités concernant le fonctionnement du jury comme le nombre de jurés ou encore les modalités de vote. Le principe du vote à l'unanimité n'est par conséquent pas garanti constitutionnellement. La Cour suprême avait toutefois affirmé que la composition de 12 jurés et le vote à l'unanimité étaient de rigueur devant les juridictions fédérales[19]. Mais les règles diffèrent s'agissant des États puisque la Cour suprême leur permet de recourir au vote à la majorité dans un arrêt *Apocada v. Oregon* et *Johnson v. Louisiana* rendus en 1972[20], considérant que le principe de l'unanimité des jurys n'avait pas valeur constitutionnelle dans les États fédérés.

C'est pourquoi la Louisiane et l'Oregon ont, pendant quarante-huit ans, admis le vote à la majorité de dix jurés sur douze. Ils considéraient que le vote à l'unanimité pouvait conduire à un ralentissement, voire une paralysie de la procédure. L'ensemble des jurés doivent s'accorder sur leur verdict et il est possible d'observer des comportements déraisonnables, des opposants récalcitrants pouvant faire obstacle à la décision. Si l'unanimité n'est pas obtenue, les Américains parlent de *hung jury*. Dans cette hypothèse, le procès peut avoir lieu une seconde fois avec une nouvelle composition dans le jury, si le procureur en exprime le souhait[21].

Toutefois, la Cour suprême a opéré un revirement de jurisprudence en 2020 dans un arrêt *Ramos v. Louisiana*[22], reconnaissant le vote à l'unanimité des jurés comme un principe fondamental dans les juridictions fédérales comme dans les juridictions étatiques. Par cette décision, elle reconnait la valeur constitutionnelle du vote à l'unanimité.

B. LA DISPARITION PROGRESSIVE DU JURY : LE DÉVELOPPEMENT DES PROCÉDURES CONCURRENTES

L'apparition de procédures concurrentes participe au recul du jury américain. Ce recul est conséquent puisque de 1998 à 2018, le nombre d'accusés ayant bénéficié d'un jugement devant un jury a chuté de 60 % devant les cours fédérales. Désormais, devant les juridictions fédérales, les procès devant jury ne représentent que 2 % des affaires. À l'échelle étatique, le constat est d'autant plus alarmant puisqu'en 2017, les procès devant jury représentaient moins de 3 % des décisions pénales dans 22 juridictions pour lesquelles des données sont disponibles, dont le Texas (0,86 %), la Pennsylvanie (1,11 %), la Californie (1,25 %), l'Ohio (1,27 %), la Floride (1,53 %), la Caroline du Nord

19. *Patton v. United States*, 281 US 276 (1930).
20. *Apocada v. Oregon* 406 US 404 (1972) ; *Johnson v. Louisiana* 406 US 356 (1972).
21. T. Brooks, « The Right to Trial by Jury », *Journal of Applied Philosophy* 2004, vol. 21, n° 2, p. 201.
22. *Ramos v. Louisiana*, 590 US (2020).

(1,66 %), le Michigan (2,12 %) et New York (2,91 %). En parallèle, plusieurs procédures ont émergé pour concurrencer le jury populaire. Parmi elles, le *bench trial* et le *plea bargaining* ou plaider-coupable.

L'existence du *bench trial* permet à l'accusé de renoncer à son droit à être jugé par un jury populaire. Le *bench trial* est une formation composée uniquement de juges professionnels. Cette procédure a été consacrée dans un arrêt de la Cour suprême *Patton v. United States* en 1930[23]. Si le recours à cette procédure demeure relativement rare, elle apparaît principalement dans deux cas : lorsque le risque de partialité des jurés est important, notamment dans le cas des affaires médiatisées susceptibles d'émouvoir les jurés et lorsque l'affaire est particulièrement complexe sur le plan technique et juridique.

L'émergence du plaider coupable *(plea bargaining)* aux États-Unis est la principale cause du déclin du jury populaire. En effet, cette procédure représente désormais 98 %[24] des condamnations pénales et ce, alors même que le plaider coupable ne jouit pas de la garantie constitutionnelle que connaît le jury populaire. Il s'agit d'une procédure dite « négociée » lors de laquelle le procureur propose au mis en cause une peine moins sévère que celle qui est encourue s'il décide de comparaitre devant le jury populaire, à condition que ce dernier reconnaisse sa culpabilité. Si cette procédure est naturellement plus rapide que la procédure devant un jury, elle sacrifie néanmoins une partie des garanties procédurales et méprise la recherche de la vérité au sens matériel[25].

Au premier abord, il apparait donc surprenant que les mis en cause décident de recourir à cette procédure répondant en réalité à une logique managériale de la justice. Mais en réalité, le plaider coupable est un véritable outil permettant de dissuader les intéressés de comparaitre devant le jury populaire. En effet, les Américains appellent *trial penalty* l'écart entre la peine, de faible quantum, offerte par le procureur dans le cadre du plaider-coupable, et la peine plus sévère encourue si le prévenu décide de comparaitre devant le jury. Et, contrairement à d'autres pays comme l'Angleterre ou l'Allemagne, les États-Unis n'imposent aucune limite à cet écart entre les deux peines. Ainsi, une pratique sévissant dans la plupart des tribunaux américains consiste à « brader » les peines encourues dans le cas où le mis en cause accepterait de reconnaître sa culpabilité pour inciter celui-ci à renoncer à son droit constitutionnel à être jugé par un jury populaire.

En réalité, le jury populaire n'est préservé que pour les affaires d'une particulière gravité. En effet, un arrêt de la Cour suprême *Hurst v. Florida*[26] a jugé

23. *Patton v. United States*, 281 US 276, 297-98 (1930).

24. B. Fiorini, *L'enquête pénale privée. Étude comparée des droits français et américain*, Institut universitaire Varenne-LGDJ, 2018, p. 122.

25. Environ 23 % des erreurs judiciaires aux États-Unis résultent d'une procédure de plaider coupable : v. sur cette question B. Fiorini, « Le plaider-coupable, cheval de Troie de l'erreur judiciaire », *Délibérée* 2022, p. 51.

26. *Hurst v. Florida*, 577 US 92 (2016).

inconstitutionnelle la disposition permettant au juge d'outrepasser l'avis du jury pour imposer le prononcé de la peine de mort. Toutefois, les procès lors desquels les accusés encourent la peine de mort demeurent rares et sont en recul ces dernières années[27] ce qui amoindrit la présence du jury populaire.

En conclusion, si le jury populaire américain est historiquement l'un des jurys qui jouit de l'une des places les plus importantes sur le plan théorique, il est loin d'atteindre l'idéal envisagé par les Pères fondateurs dans la pratique. Le jury américain n'intervient en réalité que très rarement et, même lorsqu'il est invité à se prononcer, force est de constater que sa légitimité est régulièrement remise en question.

Le recul du jury populaire aux États-Unis doit inquiéter. D'une part, car c'est un symbole de la démocratie américaine qui s'efface peu à peu au profit d'une justice managériale incarnée par le plaider-coupable, qui privilégie la célérité de la justice au détriment des garanties procédurales dont doit bénéficier tout mis en cause. D'autre part, parce que le jury américain, comme le jury français, permet de maintenir un lien de confiance entre les citoyens et la justice qui est rendue en leur nom[28].

Enfin, l'effacement progressif du jury américain fait écho à ce que nous connaissons aujourd'hui en France notamment avec la mise en place de la comparution sur reconnaissance préalable de culpabilité et, plus récemment, des cours criminelles départementales. L'exemple américain doit nous alerter sur les conséquences que peut entraîner, sur le long terme, l'éloignement du citoyen de la justice à la fois sur le plan de la légitimité des décisions, mais également sur la confiance dans l'institution judiciaire. Si certains auteurs constatent un vent d'*américanisation* qui souffle sur la procédure pénale française ces dernières décennies, gare aux *précipitations* ! Les conséquences mesurables outre Atlantique peuvent annoncer une tempête dévastatrice pour la démocratie directe dans notre propre système pénal.

27. C. Lesnes, « Peine de mort : aux États-Unis, l'année des exécutions "bâclées" », *Le Monde* 2 janv. 2023.
28. L. Pennington et M. Dolliver, « Understanding the Effect of Jury Service on Juror's Trust in Courts », *Law Society Review* 2022, p. 580-600.

La suppression du jury populaire Suisse : une disparition en trompe-l'œil ? Entre démocratisation et rationalisation de la justice pénale

CHLOÉ LIÉVAUX

Maitre de conférences en droit privé et sciences criminelles, Université de Lorraine, codirectrice de l'Institut François Gény (EA 7301)

La suppression du jury populaire, rationalisation de la justice pénale. – Institution démocratique, Tocqueville considérait à propos du jury populaire qu'il « sert à donner à l'esprit de tous les citoyens une partie des habitudes de l'esprit du juge ; et ses habitudes sont précisément celles qui préparent le mieux le peuple à être libre[1] ». Édifice révolutionnaire pour la France, rempart contre l'arbitraire et garant de l'équité de la procédure, le jury populaire présente de nombreux avantages. En ce qu'il impose un temps étiré, le temps du dialogue et des débats, il permet de faire œuvre de pédagogie et concourt à la légitimation[2] des décisions de justice. Ce temps d'oralité privilégié où chacun est entendu, où tout est débattu, participe également d'une justice pénale humaine et humaniste. « La cour d'assises, patiente et méticuleuse,

1. Tocqueville, *De la démocratie en Amérique*, t. 2, deuxième partie, chapitre 8.
2. V. not. B. Fiorini, « Le jury populaire, vecteur de confiance dans la justice criminelle », *AJ pénal* 2021. 183. À propos des QPC rendues relatives aux dispositions du Code de procédure pénale précisant la composition des cours criminelles départementales, v. not. A. Botton, « Le jury populaire, tradition républicaine pour accusé privilégié », *RSC* 2014. 433.

est le lieu privilégié du débat judiciaire, où l'oralité joue un rôle crucial : du dossier émergent des vies, complexes et nuancées, qui ébranlent les certitudes ; des hommes et des femmes, issus de la société civile, jugent leurs semblables[3]. » Les débats qui y sont menés contribuent au droit des parties, particulièrement de l'accusé, de comprendre la décision de condamnation. La Cour européenne des droits de l'homme (CEDH) considère à ce titre que « pour que les exigences d'un procès équitable soient respectées, le public et, au premier chef, l'accusé doivent être à même de comprendre le verdict qui a été rendu. C'est là une garantie essentielle contre l'arbitraire[4] ». C'est en ce sens que Christiane Besnier souligne que « les procédures brèves éludent la compréhension de l'acte, elles tournent le dos à une justice "restaurative"[5] ». Enfin, en ce que le jury permet aux citoyens de faire œuvre de justice, sa suppression « priverait le corps social d'un lien vital avec sa justice et remettrait en cause durablement les fonctions classiques, sociale, pédagogique, restauratrice et symbolique de la justice pénale[6] ». Pourtant c'est bien dans le sens d'une nouvelle organisation du temps judiciaire que s'inscrivent les différentes réformes en Europe de l'Ouest. À ce titre, la récente suppression partielle du jury populaire français, si elle suscite de nombreux débats et est sujette à critiques, s'inscrit en réalité dans un mouvement contemporain qui tend à sa suppression ou, à tout le moins, à une réduction du champ de compétence ou de la composition des cours d'assises. Ainsi, « force est de constater que le vent des réformes qui souffle en Europe n'est pas favorable à la cour d'assises et au jury populaire[7] ». Plusieurs arguments plaident, pour certains, en faveur de ce changement de paradigme dans le temps judiciaire et dans l'approche de la justice rendue. Le premier consiste à considérer que la justice doit être rendue par des professionnels. En ce sens, Robert Badinter – pourtant globalement favorable aux jurés – relevait que « juger est un métier requérant des connaissances et une expérience particulière difficile à exercer[8] ». Cet argument va de pair avec celui qui expose de façon récurrente l'incompatibilité du jury populaire avec l'impératif de motivation des décisions de justice pénale. Ainsi, d'aucuns exposent « l'impossible explication des choix "populaires"[9] » dès lors qu'ils se fondent sur la prétendue impalpable

3. J. Mucchielli, « Cours criminelles : "L'oralité des débats doit être repensée dans son ensemble" », *D. actu.* 3 juin 2020.
4. CEDH 10 janv. 2013, *Agnelet c/ France*, req. n° 61198/08, § 57.
5. C. Besnier, « L'avenir de l'audience criminelle : France, Belgique, Suisse », *Cah. just.* 2017. 639-652, spéc. 639.
6. S. Zientara-Longeay, « Le devenir de la cour d'assises : perspectives comparées », *Cah. just.* 2017. 635-638, spéc. 638.
7. S. Zientara-Logeay, art. préc., p. 636.
8. R. Badinter, « Faire siéger de simples citoyens au tribunal correctionnel est démagogique », *Le Monde* 27 avr. 2011.
9. B. Barraud, « La justice au hasard de quelques raisons juridiques de supprimer les jurys populaire », *RID pén.* 2012. 377-411, spéc. 405.

intime conviction[10]. L'on pourra encore souligner que ce mouvement s'inscrit dans la généralisation de l'accélération du processus judiciaire que l'on souhaite rendre plus rapide et moins coûteux. La tendance est alors à la rationalisation[11] de la justice pénale désormais guidée par l'efficacité et la rentabilité. La réduction des coûts y est prédominante. « C'est ainsi que les réformes de la justice en Europe ont souvent comme point commun celui de la managérialisation[12]. » C'est en ce sens que la Suisse a profondément transformé sa procédure pénale et son étude présente un intérêt pour le pénaliste français qui connaît ce même mouvement.

La richesse des enseignements des particularités helvétiques. – La Suisse présente la particularité d'être un État fédéral[13] aux traditions juridiques nourries par des influences étrangères plurales[14], particulièrement celles de la France et de l'Allemagne. La richesse de l'étude de la confédération helvétique résulte de ce que son système fédéral emporte des incidences relatives à l'organisation de ses institutions. Le système fédéral de la Suisse implique que chaque canton dispose d'une Constitution propre et conserve des domaines de souveraineté fixés par la Constitution fédérale. Cette particularité a eu des incidences notables en matière pénale. Si le droit pénal a été unifié dès 1937 par l'adoption d'un Code pénal, la procédure pénale et les lois tenant à l'organisation judiciaire demeuraient de la compétence des cantons. L'organisation juridictionnelle, particulièrement en matière pénale, était fixée par ces derniers, certains d'entre eux influencés par la France ayant opté pour le jury populaire. La Suisse a par ailleurs connu un mouvement assez similaire à celui constaté en France dans la mesure où la motivation a été rendue obligatoire pour les jugements rendus par les juridictions criminelles avant que n'ait été supprimé, à la faveur d'une réforme constitutionnelle, le jury populaire, ce dernier ayant été rendu impraticable avec la nouvelle organisation procédurale fédérale helvétique. Présentée comme le système de « l'avenir[15] », la nouvelle organisation judiciaire et juridictionnelle devait tendre à une meilleure rationalisation de la justice pénale. Les particularités

10. Sur ce point v. *Rapport du Comité de réflexion sur la justice pénale*, remis le 1er sept. 2009 au président de la République et au Premier ministre dit rapport Léger, p. 37 s. V. également H. Matsopoulou, « À propos du rapport de Comité de réflexion sur la justice pénale », *JCP* 2009, n° 38, p. 14 ; W. Mastor et B. Lamy, « À propos de la motivation sur la non-motivation des arrêts d'assises : "je juge donc je motive" », *D.* 2011. 1154 ; C. Guéry, « Peut-on motiver l'intime conviction ? », *JCP* 2011, n° 28.

11. V. not. C. Vigour, « Justice : l'introduction d'une rationalité managériale comme euphémisation des enjeux politiques », *Droit et Société* 2006, 63/64, p. 425-465.

12. J. Commaille, *À quoi nous sert le droit ?*, Gallimard, coll. « Folio Essais », 2015, p. 228.

13. La naissance de l'État fédéral suisse résulte de la Constitution de 1848, étape de formation de la Confédération suisse.

14. Sur ce point v. L. Gschwend, V° « Droit pénal », in *Dictionnaire historique de la Suisse*, Bern, éd. Gilles Attinger, 2006.

15. A. Kuhn, *Procédure pénale unifiée : reformatio in pejus aut in melius ?*, Charmey, éd. La Question, 2008, p. 21.

de la Confédération helvétique se présentent comme un terreau fertile de réflexion au regard des questions procédurales majeures que se pose actuellement le droit français, particulièrement la question de la suppression du jury populaire et de la généralisation des cours criminelles départementales. La Suisse a connu un processus étonnant en « sous-main » de suppression du jury populaire, processus « contraint » ou guidé par un impératif d'harmonisation des législations cantonales avec le nouveau Code de procédure pénale fédéral unifié en 2011. Ce mouvement s'inscrit donc pleinement dans le processus de rationalisation de la justice pénale et n'est pas exempt de critiques (I). Si le jury populaire en sa forme classique semble avoir disparu, l'organisation judiciaire demeurée de la compétence des cantons a néanmoins permis le maintien d'une participation populaire et démocratique au processus de la justice pénale (II).

I. L'UNICITÉ DU CODE DE PROCÉDURE PÉNALE SUISSE : VERS UNE RATIONALISATION DE LA JUSTICE PÉNALE

L'unification du Code de procédure fédérale, source de la suppression du jury populaire. – Le Code de procédure pénale suisse (Code de procédure fédérale) a été à l'origine de la suppression de cette institution. L'objectif de la réforme était l'unification de la procédure pénale[16]. En effet, jusqu'à l'unification, la procédure pénale relevait pleinement de la compétence de chacun des vingt-six cantons[17]. Cette dispersion processuelle, outre le fait qu'elle interpellait au regard de l'égalité devant la loi, n'était pas sans poser de réelles difficultés pratiques tant pour les professionnels du droit que pour les justiciables[18]. Il en allait ainsi lorsque l'infraction avait été commise sur plusieurs cantons et ce, malgré le concordat d'entraide et de coopération inter-cantonale[19]. Si le processus d'uniformisation a progressé lentement, il a trouvé son point d'orgue à la faveur d'une réforme constitutionnelle par l'adoption de la réforme de la justice par le peuple et les cantons le 12 mars 2000. Cette réforme issue d'une votation populaire[20] a permis la création d'un nouvel article constitutionnel, article 123, selon lequel la législation en matière de droit pénal relève désormais de la compétence de la Confédération. Dès lors, les Chambres fédérales ont adopté le Code de procédure pénale unifié

16. Sur la procédure pénale suisse v. A. Kuhn et Y. Jeanneret, *Précis de procédure pénale*, Bern, éd. Stämpfli, 2013, p. 5.
17. Chacun d'entre eux ayant son propre Code de procédure pénale.
18. Sur ce point v. *Rapport explicatif relatif à l'avant-projet d'un code de procédure pénale suisse. Office fédéral de la justice*, Berne, juin 2001.
19. Ce concordat devait permettre à l'enquêteur l'accomplissement d'actes de procédures en dehors de son canton.
20. Ou référendum.

le 5 octobre 2007 entré en vigueur en 2011[21]. Le Code pénal ainsi unifié a, à la fois, introduit une procédure à dominante accusatoire[22] et mis en place un nouveau système qui, s'il n'exclut pas expressément le jury, le rend largement incompatible avec les dispositions procédurales unifiées. Les autorités fédérales ont ainsi pu considérer que le maintien du jury en la forme de « jury populaire » n'était pas possible, plusieurs raisons ayant présidé à ce constat. En premier lieu, s'est posé la question de la compatibilité du maintien du jury populaire avec la généralisation de l'appel nouvellement imposé par le Code de procédure pénale suisse. Le principe *vox populi, vox dei* a ainsi semblé en opposition avec la procédure d'appel. Par ailleurs, le nouveau Code de procédure pénale prévoit, au titre de la procédure préliminaire aux débats, la consultation du dossier par le tribunal ce qui impliquerait que le jury, également concerné par cette consultation, soit formé et siège avant l'ouverture des débats. Enfin, le principe de l'immédiateté des débats a été modifié par le nouveau Code de procédure pénale. La forme procédurale suisse était en ce sens assez similaire au modèle français dans la mesure où le jury tiré au sort devait se voir présenter à l'audience tous les moyens de preuve, garantissant ainsi sa totale indépendance. Le nouveau Code de procédure pénale transforme profondément cette logique dans la mesure où il prévoit que la juridiction se fonde principalement sur le dossier, rendant incompatible cette procédure avec le jury populaire qui se prononce sur la culpabilité voire la peine sur la base de preuves administrées de manière contradictoire lors du procès et donc, sans connaissance du dossier.

L'incompatibilité du jury populaire au nouveau Code de procédure pénale. – Le changement de paradigme de la physionomie du procès pénal a ainsi été profond, car il n'est désormais plus question de convoquer les témoins, les parties, de les confronter et de débattre des faits. C'est donc en grande partie ce principe, dit d'oralité limitée ou d'immédiateté limitée[23], qui a conduit à la suppression du jury populaire tel qu'il existait dans certains cantons, notamment celui de Genève[24]. Ce principe tend à la rationalisation de la procédure pénale ainsi qu'à la logique essentielle de recherche de la manifestation de

---

21. Sur ce point v. A. Kuhn et C. Perrier, « Le projet de procédure pénale unifiée et son incidence sur les organisations cantonales », *RPS* 2007, vol. III, p. 250 s. ; R. Arn, N. Saurer et A. Kuhn (dir.), *Organisation des autorités pénales cantonales et fédérales et dispositions applicables en matière pénale*, Bâle, 2011.

22. Qualifiée par certains d'accusatoire en trompe-l'œil dans la mesure où la procédure suisse dépasse en réalité la distinction traditionnelle entre modèle accusatoire et inquisitoire. Très attachée à la recherche de la vérité, la procédure suisse demeure arrimée au modèle inquisitoire. Sur ce point v. not. C. Chanez, *Épistémologie de la vérité dans le Code de procédure pénale suisse*, Genève, éd. Schulthess, 2009.

23. D'aucuns parlent encore d'oralité tempérée, v. not. A. Kuhn et Y. Jeanneret, préc., p. 96.

24. Peu de cantons avaient maintenu le jury en sa forme populaire, il s'agissait principalement des cantons inspirés par la France et l'Italie (il en va notamment des cantons de Vaud et de Genève et du Tessin) au contraire des cantons d'inspiration germanique.

la vérité. À l'audience, la procédure écrite est privilégiée tant en première instance qu'en appel grâce au principe de la transcription des débats[25]. La phase de l'instruction menée par le ministère public – le juge d'instruction ayant été supprimé par la même réforme – permet d'assurer la preuve qui, lorsqu'elle est acquise à ce stade, n'a pas à être rapportée à nouveau par le juge lors de l'audience. Ainsi, « cette pratique consiste à compléter les éléments préalablement acquis par l'instruction[26] » ou à les confirmer[27]. Toutes les preuves ne sont donc pas administrées à l'audience[28]. Ce principe impose alors aux juges d'avoir une bonne connaissance du dossier avant l'audience. En ce sens, l'article 330 du Code de procédure pénale prévoit en son deuxièmement que si le tribunal est collégial, la direction de la procédure met le dossier en circulation, à savoir, le porte à la connaissance de l'ensemble des membres qui siègeront à l'audience. C'est cette « mise en circulation » du dossier qui a permis au Conseil fédéral de conclure à cette incompatibilité avec l'institution du jury populaire. L'on peut lire dans le Message du Conseil fédéral (équivalent des travaux préparatoires) qu'« eu égard au libellé très large des articles 13 et 14[29] s'agissant de la définition des autorités pénales, il ne serait en principe pas exclu que le Tribunal de première instance soit constitué sous la forme d'une cour d'assises. Toutefois, en pratique, il est impossible d'instituer une telle cour car les dispositions régissant les débats de première instance (art. 366 et ss), qui doivent être considérées comme exhaustives, ne contiennent pas les normes spéciales de procédure indispensable au fonctionnement d'une cour d'assises[30] ». C'est donc en ce que l'oralité limitée impose la consultation préalable du dossier qu'elle n'est pas compatible avec le jury (siégeant en méconnaissance de la cause au préalable). D'une part, « le Conseil fédéral suisse a estimé que les jurés ne sont pas aptes à rentrer dans la complexité des pièces du dossier, d'où la suppression du jury populaire par le nouveau code de procédure pénale[31] ». Par ailleurs, cela supposerait de composer le jury en amont et de

25. Cette règle de transcription des débats permet, là encore, une rationalisation de la procédure pénale et un gain de temps dans la mesure où, dans le temps de l'appel, seuls les éléments litigieux de la transcription des débats de première instance seront discutés, à la différence de la procédure d'appel en droit français qui permet la discussion en appel de l'intégralité des éléments de preuve et du dossier.
26. C. Besnier, art. préc., p. 646.
27. L'article 343 du Code de procédure pénale suisse prévoit en ce sens que le tribunal procède à l'administration de nouvelles preuves ou complète les preuves administrées de manière insuffisante. Encore, il réitère l'administration de celles qui, lors de la procédure préliminaire, n'ont pas été administrées en bonne et due forme.
28. En ce sens, l'article 323 du Code de procédure pénale suisse prévoit que le tribunal procède à l'administration de preuves nouvelles ou complète les preuves insuffisamment administrées. Encore, il réitère l'administration des preuves qui, lors de la procédure préliminaire, n'ont pas été administrées en bonne et due forme.
29. Du projet de loi.
30. Message du Conseil fédéral du 21 déc. 2005, FF 2006 1057, p. 1115.
31. *Idem*, p. 647.

le mobiliser longuement afin qu'il puisse prendre connaissance de dossiers longs, fastidieux et techniques. Le jury populaire a donc été supprimé dans les cantons qui avaient conservé ce système.

Suppression du jury et oralité limitée, une justice de dossier. – L'unification de la procédure pénale aura donc emporté sur son passage le jury populaire. L'on peut lire dans le rapport de la commission *ad hoc* chargée d'étudier le projet de réforme de loi constitutionnelle pour le canton de Genève, tendant à mettre ses dispositions en conformité avec le nouveau Code pénal unifié, « qu'il serait irresponsable, quelle que soit la dignité des motifs qui président à une telle prise de position, de prôner contre vents et marées, le maintien du jury. Si cette institution a rendu d'éminents services pendant plus de deux siècles, elle arrive aujourd'hui à bout de course. Il est légitime de s'en attrister, mais après tout, si l'on parvient à la conclusion que la démocratisation de la justice et l'extension des droits de la défense ont [...] rendu superflu le recours au jury populaire, n'y a-t-il pas au contraire matière à se réjouir[32] ? ». S'il est vrai que la réforme de la procédure pénale suisse a considérablement renforcé les droits de la défense, la suppression du jury populaire, la prépondérance du dossier et l'oralité limitée emportent certaines conséquences qui permettent d'entrevoir les défauts de ce système. Qu'il s'agisse du principe d'oralité limitée ou encore de l'impératif de transcription des débats, les transformations profondes de la procédure pénale suisse présentent plusieurs défauts. En premier lieu, l'oralité limitée et la prépondérance du dossier à l'instance impliquent que l'oralité « n'apparaît pas sous la forme de la recherche d'un témoignage spontané à l'image de l'audience française mais davantage comme un récit à confirmer[33] ». Par ailleurs, l'exposé des faits n'est pas détaillé dans la mesure où le dossier est maîtrisé en amont par les membres des juridictions. La transcription ou le fait de « protocoler », « hache les audiences, leur enlève de la fluidité[34] ». Les audiences ainsi moins structurées dans le récit font difficilement œuvre de pédagogie dans la mesure où le dossier n'est pas exposé dans son intégralité. En outre, la transcription « touche directement à la spontanéité des débats[35] ». Enfin, l'audience est souvent présentée comme la formalisation d'une décision qui a été prise en amont dans la mesure où la connaissance du dossier imposée par la procédure forge inévitablement l'intime conviction

32. Secrétariat du Grand Conseil, Rapport de la commission *ad hoc* justice 2011 chargée d'étudier le projet de loi constitutionnelle du Conseil d'État modifiant la Constitution de la République et canton de Genève (A 2 00) (Adaptation au code de procédure pénale suisse), 6 janv. 2009, PL 10327-A.
33. F. Affergan, C. Besnier et A. Jolivet (dir.), *La construction de la motivation des décisions criminelles à l'audience : France, Belgique, Suisse*, Mission de recherche Droit et Justice, déc. 2016, p. 70.
34. A. Jolivet, art. préc., p. 661.
35. F. Affergan, C. Besnier et A. Jolivet *op. cit.*, p. 70.

à un temps anticipé de la procédure. En effet, l'audience est « amputée de la compréhension des faits qui ne sont plus examinés chronologiquement mais [...] accidentellement. [...] Le public est ainsi exclu de la formation de la conviction des juges qui ne se fait plus exclusivement au cours du débat contradictoire (comme c'est le cas pour les jurés) mais tout au long de la procédure[36] ».

Transition. – Si le jury populaire sous sa forme antérieure, proche du jury populaire français, a disparu, il n'en demeure pas moins que les cantons helvétiques ont organisé différentes modalités de participation démocratique à l'œuvre de justice. L'organisation judiciaire, demeurée de la compétence des cantons[37], a ainsi permis que la participation démocratique demeure, sous des formes variées et propres à chaque canton.

II. LA SOUVERAINETÉ DES ORGANISATIONS JUDICIAIRES CANTONALES : LE MAINTIEN D'UNE PARTICIPATION DÉMOCRATIQUE À LA JUSTICE PÉNALE

Les différents modèles tenant à garantir une participation citoyenne à la justice pénale. – Si le jury populaire au sens strict a disparu, le modèle suisse n'a pas pour autant supprimé toute participation démocratique[38] à l'art de rendre la justice pénale. À ce titre, les juges profanes, notamment laïcs, ont pris une place différente dans certains cantons et ce, toujours dans le respect d'un processus démocratique propre à la suisse. Les cantons de Genève et du Tessin ont en ce sens œuvré par référendum populaire. Le canton de Genève a donc vu le référendum se prononcer en faveur de la suppression du jury populaire tandis que le Tessin s'est prononcé en faveur du maintien du jury. Les deux cantons conservent cette forme de participation démocratique. Le canton de Genève a introduit des juges laïcs au sein des tribunaux et cours criminels. Ces juges assesseurs sont élus par le peuple pour la durée d'une judicature (soit 6 ans) et sont présentés par un parti politique. Sans formation juridique particulière, la longueur de la durée de leur mandat leur permet d'acquérir des compétences avec le temps. Cette « professionnalisation » est

36. *Idem*, p. 156.

37. L'article 123 troisièmement énonce en ce sens que « L'organisation judiciaire, la procédure et l'administration de la justice en matière de droit pénal sont du ressort des cantons ».

38. Au contraire, le système suisse est « dominé par l'idéal démocratique puisqu'un simple citoyen peut être élu pour une durée limitée mais renouvelable comme juge à un poste précis, sans perspective d'avancement, comme il n'y a pas de corps à proprement parler », D. Anex-Cabanis, « Juges professionnels et juges laïques en Suisse », *in* J.-C. Gaven et J. Krynen (dir.), *Les désunions de la magistrature (XIXe-XXe siècles)*, Presses de l'Université Toulouse Capitole, 2012, p. 207-215, spéc. p. 208.

renforcée par le fait qu'ils sont indemnisés pour les heures de travail relatives à la consultation du dossier (désormais obligatoire), à la préparation des débats et aux heures passées en audience[39]. Le canton du Tessin a lui aussi conservé des jurés en la forme d'*assessori guarati* (jurés assesseurs) dont quatre siègent aux côtés des trois magistrats professionnels lorsqu'en matière criminelle, le ministère public requiert une peine d'emprisonnement de 2 à 5 ans. Ils sont au nombre de quatre lorsque la peine encourue[40] est supérieure à 5 ans. Ces jurés assesseurs sont tirés au sort par la cour sur une liste de représentants de la société civile établie par le Grand Conseil (parlement cantonal). Cette liste est représentative du Grand Conseil dans la mesure où les jurés, présentés par les partis, sont élus pour une durée de 10 ans (durée de la judicature) proportionnellement au pourcentage obtenu par les partis aux élections cantonales. Ils ne sont donc pas tirés au sort sur les listes électorales. L'on mesure une réelle participation démocratique et citoyenne à la justice pénale sans qu'elle ne prenne la forme du jury populaire *stricto sensu*. En effet, ces juges sont issus de la société civile et sont tirés au sort avant l'audience[41]. Le canton de Vaud a également opté pour une organisation au titre de laquelle la participation citoyenne est maintenue. En ce sens, une loi de 2009 destinée à intégrer le droit fédéral a mis en place un tribunal criminel avec quatre juges laïcs qui siègent aux côtés du président pour les infractions pour lesquelles la peine encourue est supérieure à 6 ans d'emprisonnement. La Cour d'appel est quant à elle composée exclusivement de magistrats professionnels siégeant au nombre de trois. Nommés pour 5 ans renouvelables, ces juges laïcs ne sont pas formés au droit. Pourtant, là encore, la durée de leur mandat a pour effet de leur faire acquérir une certaine expérience de la justice pénale.

Des juges profanes non jurés, une organisation singulière perfectible. – L'on mesure que la Suisse opte pour une multitude de combinaisons afin de garantir cette participation citoyenne et démocratique à la justice pénale mais qui ne transpose pas pleinement l'idéologie sous-tendue par le jury populaire. C'est au nom d'un idéal démocratique et de représentativité que la Suisse associe la société civile à la justice pénale. Des juges profanes y sont associés sous différentes appellations : juges laïcs, juges assesseurs ou encore échevins. Quelques clarifications terminologiques permettent de mesurer

39. F. Affergan, C. Besnier et A. Jolivet (dir.), *La construction de la motivation des décisions criminelles à l'audience : France, Belgique, Suisse*, préc., p. 54.

40. La Suisse présente un intérêt notable : la compétence de la juridiction n'est pas dépendante de la nature de l'infraction entendue au sens de la classification tripartie des infractions. En ce sens, la compétence de la juridiction et donc la détermination de la formation de jugement dépend de la peine requise par le procureur.

41. Sur ces juges assesseurs v. not. A. Bernasconi (dir.), *Geschworenengerichte – der unbequemeMythos/ Giuriepopolari – il mitoscomodo/ Jurys populaires – le mythe inconfortable*, Basel, éd. Helbing Lichtenhahn, 2014, p. 99-112.

que le jury en sa forme classique n'existe pas en tant que tel en Suisse. Le jury populaire dans son acception classique se caractérise par plusieurs qualités. Il s'agit de personnes représentant le peuple, issues de la société civile, tirées au sort, sans formation juridique qui statuent sur la culpabilité au titre d'une décision qui est prise sur la base de preuves administrées devant la juridiction de manière contradictoire, sans connaissance préalable du dossier. Les échevins quant à eux sont des citoyens tirés au sort et sans formation juridique qui statuent sur la culpabilité et la peine, de concert avec des juges professionnels et/ou laïcs. « On oppose généralement l'institution du jury à celle de l'échevinage par le fait que les jurés délibèrent à part, hors la présence du juge, et que leur verdict s'impose à celui-ci[42]. » L'échevin statue donc avec le juge professionnel. Il présente pour certains un avantage notable sur le jury dans la mesure où le tribunal échevinal « permet de motiver les jugements rendus[43] ». Le juge laïc quant à lui est un magistrat occasionnel, élu ou nommé pour la judicature. Il n'a pas davantage de formation juridique et peut siéger à temps partiel ou temps plein. À l'instar de l'échevin, il siège sous la direction d'un juge professionnel. On parle également de juge assesseur. L'on mesure que ces différents modèles de participation citoyenne à l'œuvre de la justice ne partagent que certains attributs du jury populaire : ils n'ont pas de formation juridique et représentent la société, parfois en la forme de la représentativité dans certains cantons. Pourtant, force est de constater que persistent des différences notables. A. Kuhn note au propos des *« assessori-giurati »* du Tessin qu'« on est donc très loin d'un système de jurés ; à tel point d'ailleurs que nous osons affirmer ici que le Tessin ne connaît pas l'institution du jury populaire[44] ». L'on peut émettre quelques remarques au propos de ces différentes formes de participation citoyenne. Leur mode de désignation ainsi que leurs attributions les éloignent sensiblement des qualités attribuées au jury dans la mesure où cela implique une professionnalisation et une perte d'indépendance. Le jury en la forme populaire représente une garantie d'indépendance en opposition aux magistrats professionnels. D'une part, ils peuvent avoir, selon le canton, une mission à temps partiel ou à temps plein, à titre principal ou à titre accessoire. C'est dire que s'il exerce à temps plein et à titre principal, le juge se professionnalise. Nommé pour toute une judicature, il perd la nouveauté d'un regard qui serait porté sur l'affaire par un juge d'un jour. Comme le soulignait Charles Péguy, « un juge habitué est un juge mort pour la justice ». Ce constat est d'ailleurs renforcé

42. J.-F. Poudret, « Échevins ou jurés ? Considérations historiques au sujet du rôle des laïcs dans l'administration de la justice civile et pénale », *RPS* 1981, vol. 1, p. 69 s., spéc. p. 77.
43. A. Gautier, « Les nouvelles lois tessinoises sur l'organisation judiciaire et la procédure en matière pénale », *RPS* 1895, p. 255 s., spéc. p. 264.
44. A. Kuhn *et al.*, « Le canton du Tessin a-t-il véritablement maintenu un jury populaire en matière pénale ? », *in* C. Filippo et B. Ares (dir.), *Jurys populaires – le mythe inconfortable. De la participation populaire au procès pénal*, Bâle, Helbing & Lichtenhahn, 2014, p. 99-112, spéc. p. 112.

par l'absence dans certains cantons d'incompatibilité à ces fonctions. Une affaire genevoise a mis en lumière une difficulté. Parmi les quatre juges laïcs, l'on comptait deux avocats et un ancien juge d'instruction. « Cette présence massive de techniciens du droit – dont certains ont des profils très marqués – est peu conforme à l'esprit du modèle conçu pour replacer le défunt jury populaire[45]. » D'autre part, le système de représentativité privilégié par certains cantons biaise l'aléa d'un tirage au sort qui assure une diversité de représentation. Il n'est pas exclu que l'impartialité soit atteinte par d'éventuelles considérations idéologiques qui entrent alors en compte dans la conviction des juges, représentant proportionnellement les partis politiques. Le tribunal fédéral considère pourtant que l'essentiel, pour assurer l'indépendance et l'impartialité de la formation de jugement, est d'avoir des connaissances de fait et de droit dans la mesure où elles seules sont à même de rendre le juge apte à former sa volonté de manière indépendante. L'indépendance et l'impartialité, gages d'un procès équitable, sont donc assurées dès lors qu'un magistrat professionnel siège aux côtés des juges profanes.

Conclusion. – Il est vrai que le modèle suisse a permis une rationalisation de la justice pénale dans le respect du procès équitable tout en maintenant une forme de participation démocratique dans l'œuvre de rendre la justice pénale. La procédure pénale suisse est ainsi présentée comme efficace, garante des droits de la défense, fiable et est à ce titre considérée comme « la forme la plus aboutie[46] » du procès pénal. D'aucuns la présente alors comme un modèle à suivre. Pourtant, elle n'est pas exempte de critique. « Le cout symbolique d'une telle justice passe par l'abandon du "temps" de l'audience et par conséquent de la "parole judiciaire" qui se délie dans le prétoire au profit d'une "justice de dossiers", désincarnée[47]. » Ce système présente le défaut majeur de produire une décision de justice rationnelle et formelle dans la mesure où les débats à l'audience sont devenus une formalité. Ce système consiste à « faire l'économie du temps d'audience[48] » et conduit inévitablement à « amputer à l'acte de juger sa dimension pédagogique qui rend le verdict compréhensible et donc acceptable[49] ».

45. F. Mansour, « Ces juges assesseurs qui détonnent », *Le Temps* 9 févr. 2019, p. 7.
46. F. Affergan, C. Besnier et A. Jolivet, préc., p. 156.
47. A. Jolivet, art. préc., p. 663.
48. C. Besnier, art. préc.
49. *Ibidem.*

Les cours criminelles départementales peuvent-elles être une réponse à la crise de la justice criminelle ?

HUGUES BOUTHINON-DUMAS
Professeur de droit à l'ESSEC Business School

Les cours criminelles départementales (CCD)[1] ont été créées pour résoudre la crise de la justice criminelle en France. Cela invite à se demander pourquoi on peut considérer que la justice criminelle traverse une crise, avant de présenter les grands traits de cette réforme.

La crise de la justice criminelle

Quand on évoque la crise de la justice criminelle, le fait-on parce que les cours d'assises rendraient une justice de piètre qualité ? Serait-ce une justice expéditive ou une justice particulièrement injuste ? Il faut d'emblée écarter cette idée car il existe un large consensus pour considérer tout au contraire que la justice rendue par les cours d'assises est une justice remarquable. C'est une justice qui prend le temps de donner la parole aux parties et d'entendre les experts et les enquêteurs. C'est donc une justice qui va au fond des choses. En outre, c'est une justice qui a donné l'occasion aux plus célèbres plaideurs de produire des plaidoiries et des réquisitoires restés dans les annales. Cela

1. Les réflexions présentées dans ce chapitre sont en partie inspirées par les travaux réalisés dans le cadre du groupe de travail GDS-4 de l'IHEMI en 2021-2022 qui a réuni une dizaine de fonctionnaires, magistrats, cadres, journalistes et universitaires. Le rapport élaboré par ce groupe de travail, *La généralisation des cours criminelles départementales. Quels enjeux et quelles conséquences ?*, est disponible à l'adresse suivante : [https://bouthinondumas.fr/cours-criminelles-departementales-reforme-justice-penale/]. Les opinions exprimées dans ce chapitre sont propres à l'auteur et ne sauraient engager les autres contributeurs ou l'institution ayant hébergé ce groupe de travail.

contribue à faire des procès d'assises des moments extraordinaires pour les parties, les jurés, les professionnels de la justice et même pour le public. C'est aussi une justice qui combine la légitimité populaire du jury et la légitimité technique jointe à l'expérience des magistrats de la cour.

Il faut donc chercher ailleurs les raisons de la crise de la justice criminelle : dans sa lenteur. Ce n'est pas la lenteur des débats qui est critiquée mais les délais désespérément longs pour qu'une affaire soit effectivement jugée par une cour d'assises. Les accusés (et les victimes) doivent attendre des années avant d'obtenir une décision en première instance, et encore des mois pour être jugés en appel, s'il y a appel. Les délais pour être jugés sont d'autant plus problématiques qu'ils font suite à des phases d'enquête et d'instruction qui peuvent elles-mêmes être assez longues, en fonction de la complexité des investigations et surtout de la charge de travail des magistrats instructeurs et des enquêteurs. Les justiciables subissent ainsi deux files d'attente successives : attente qu'une décision de renvoi devant une juridiction de jugement soit prise au terme de l'instruction, puis attente que l'affaire soit audiencée et effectivement jugée par une cour d'assises. Pendant ce temps-là, certains accusés sont en détention alors qu'ils sont innocents, puisque, par construction, ils n'ont pas encore été jugés coupables des faits pour lesquels ils sont mis en cause. Et quand les accusés ne sont pas en détention, leur situation n'est pas enviable pour autant puisqu'ils sont jugés après les accusés détenus qui sont logiquement prioritaires. Et pendant ce temps-là, les parties civiles attendent, elles aussi, pour que justice leur soit rendue, notamment pour pouvoir « faire leur deuil » ou « tourner la page » et se « reconstruire ».

La situation de la justice criminelle est donc déplorable, quand bien même la justice rendue par les cours d'assises serait exemplaire au moment où elle passe. Elle passe tard, voire très tard, toujours trop tard dans l'état actuel du fonctionnement de la justice criminelle. Il est important de souligner, contrairement à une idée souvent mise en avant (« la justice est lente mais elle est rendue de façon exemplaire ») qu'il n'y a pas d'arbitrage entre la qualité et la célérité de la justice : une justice trop tardive n'est jamais une bonne justice. Il est par conséquent tout à fait légitime et même urgent de se préoccuper de la lenteur de la justice criminelle et d'y apporter une réponse.

Dans son ambition de réduire les délais d'attente pour que les affaires criminelles soient jugées par une juridiction criminelle, la réforme instituant les cours criminelles départementales semble à première vue constituer une réforme pertinente. Encore faut-il qu'au-delà des intentions, la réforme soit effectivement capable de résoudre les problèmes qui l'ont suscitée et que par ailleurs elle ne pose pas plus de problèmes qu'elle n'en résout.

La réforme instituant les cours criminelles départementales

La réforme de la justice criminelle instituant les cours criminelles départementales a été introduite en deux temps principaux. La loi du 23 mars 2019 a d'abord prévu l'expérimentation dans un certain nombre de départements des « tribunaux criminels » renommés « cours criminelles départementales » pour juger certains crimes. Ensuite la loi du 22 décembre 2021 a décidé de généraliser à compter du 1er janvier 2023 les cours criminelles départementales dans tous les départements.

Ces nouvelles juridictions criminelles ont la caractéristique d'être composées de cinq magistrats professionnels. Les présidents des CCD sont les mêmes magistrats que ceux qui ont vocation à présider les cours d'assises. Parmi les quatre assesseurs, deux magistrats peuvent être désignés parmi les magistrats à titre temporaire (MTT), les magistrats honoraires exerçant des fonctions juridictionnelles (MHFJ) et, depuis le décret du 6 mai 2022, parmi les avocats honoraires exerçant des fonctions juridictionnelles (AHFJ). La principale évolution introduite par la réforme des cours criminelles départementales consiste donc à supprimer le jury populaire pour juger une partie des affaires criminelles.

Les cours criminelles départementales sont seules compétentes pour juger en première instance des personnes majeures poursuivies pour des crimes, hors situation de récidive légale, pour lesquelles elles encourent au plus des peines de 20 ans de réclusion. Autrement dit, les cours d'assises avec des jurys composés de six jurés restent compétentes en première instance pour les crimes faisant encourir à leur auteur majeur plus de 20 ans de réclusion et les crimes commis en état de récidive légale. Les cours d'assises d'appel qui comportent des jurys de neuf jurés restent quant à elles compétentes pour juger en appel tous les crimes commis par des personnes majeures.

La procédure devant les cours criminelles départementales est orale comme devant les cours d'assises, ce qui signifie que les membres de la formation de jugement sont censés se déterminer sur la base des éléments qui ont été introduits et discutés au cours des débats et non sur la base du dossier de procédure comprenant les actes d'enquête. Toutefois, les assesseurs des CCD – et pas seulement le président – peuvent consulter le dossier de procédure lors du délibéré, comme en matière correctionnelle.

La dernière différence entre les cours d'assises et les CCD réside dans le fait que les affaires passibles de la CDD doivent être audiencées dans un délai de 6 mois renouvelable une fois, contre un an renouvelable une fois pour les cours d'assises.

En substituant partiellement les CCD aux cours d'assises, le législateur considère que la réforme va permettre d'économiser de l'argent et surtout du temps. Le fonctionnement de la justice criminelle traditionnelle avec ses jurys de citoyens tirés au sort est vu comme un dispositif coûteux et chronophage. Les jurés doivent en effet être indemnisés pour leur déplacement, leur hébergement et le nombre de jours qu'ils consacrent à la session de la cour d'assises pour laquelle ils ont été tirés au sort. L'accueil des jurés mobilise des personnels du ministère de la Justice. Les présidents de cours d'assises doivent prendre du temps pour sensibiliser les jurés à la mission extraordinaire qu'ils vont être amenés à exercer, très souvent pour la première fois de leur vie. Tout au long du procès, les présidents doivent faire preuve de pédagogie. On peut donc s'attendre à ce qu'une justice criminelle sans jury et sans juré soit une justice plus efficace, plus économique et plus rapide. Une expression revient fréquemment au soutien de la réforme instituant les CCD : les cours d'assises constituent une « justice de luxe » avec sa débauche des moyens humains et procéduraux et son décorum impressionnant. La crise de la justice criminelle appellerait une approche plus moderne, plus modeste et plus professionnelle de la justice criminelle. La France ne pourrait plus se permettre cette justice de luxe. C'est pourquoi la réforme consiste à faire reculer le domaine d'application des cours d'assises au profit des CCD (compétentes en réalité pour plus de la moitié des crimes jugés[2]).

Cette réforme a incontestablement le mérite de s'attaquer à un problème réel et elle aurait dû justifier un débat à la mesure de l'importance du sujet. En réalité, cette réforme a été adoptée sans susciter beaucoup d'oppositions, au moins dans un premier temps[3]. Pourtant, un examen attentif montre que le problème a été analysé à travers un prisme réducteur (la réforme a été conçue comme un problème de plomberie) (I) et la réponse imaginée a été insuffisamment réfléchie et méditée (c'est donc de la mauvaise plomberie !) (II).

I. LA RÉFORME INSTITUANT LES CCD EST INSPIRÉE PAR UNE CONCEPTION RÉDUCTRICE DE LA CRISE DE LA JUSTICE CRIMINELLE

Selon le discours développé à l'appui de la réforme, la crise de la justice criminelle trouve son origine dans le fait que les cours d'assises étaient submergées (A) et que le système ne permettait pas de voies de délestage satisfaisantes (B).

A. L'ENGORGEMENT DES COURS D'ASSISES

Pour les besoins de la réforme, la justice criminelle a été décrite comme étant sous l'eau parce que le flux d'affaires ne parvenait pas à être résorbé et que les cours d'assises constituaient un goulot d'étranglement.

La première raison qui explique que la justice criminelle soit engorgée réside dans le fait que les affaires qui entrent sont plus nombreuses que les affaires qui sortent du système judiciaire criminel. Le problème de la justice criminelle est donc d'abord présenté comme un problème de baignoire qui déborde.

---

2. Étude d'impact, projet de loi de programmation 2018-2022 et de réforme pour la justice, p. 362-363.
3. Le colloque organisé par M. Benjamin Fiorini à l'Université Paris 8 Saint-Denis tend à rouvrir la nécessaire discussion sur l'opportunité de faire reculer les cours d'assises au profit des CCD.

Le mot d'engorgement est omniprésent dans les analyses qui accompagnent la réflexion et le débat sur la nécessité de réformer la justice criminelle. Cette métaphore hydraulique qui emprunte beaucoup au champ lexical de la plomberie n'est évidemment pas neutre. Elle tend à imposer une approche technique du problème qui correspond bien au paradigme gestionnaire que certains auteurs pointent, généralement pour le critiquer[4]. Une part du savoir-faire gestionnaire consiste en effet à savoir canaliser des flux et optimiser un système. Cela suppose de prendre la mesure du problème en disposant de données sur l'activité judiciaire analysée à travers un prisme quantitatif et ensuite de réorganiser les circuits pour que le système puisse absorber adéquatement la matière à traiter. Il ne nous semble pas inopportun de se préoccuper de la capacité du système – criminel en l'occurrence – à remplir sa fonction. En revanche, cette approche apparaît restrictive et peut conduire à négliger les dimensions qualitatives de la justice[5]. Quand on fonde une réforme de la justice sur l'idée qu'elle est engorgée, cela conduit à faire en sorte que la justice « s'écoule comme il faut » plutôt que de se préoccuper de savoir si elle se réalisera bien et produira de bons effets.

La justice criminelle décrite à travers les concepts d'un système hydraulique présente certaines caractéristiques. En théorie, un système hydraulique peut comporter une multitude de composants qui sont de nature à faire que les affaires s'écoulent comme il faut : des robinets que l'on peut ouvrir ou fermer, des conduites de tailles variables, des embranchements, des systèmes de dérivation comme des trop-pleins, des bassins de rétention, des mécanismes de régulation, etc.

Dans le cas de la justice criminelle, le système est en réalité assez fruste (la tuyauterie est assez simple), mais il repose sur une pièce délicate à savoir la cour d'assises. Par détermination de la loi, la cour d'assises était en effet le point de passage obligé de la justice criminelle. Avant la réforme, il n'existait pas de circuit alternatif (si on met de côté la justice des mineurs et les cours d'assises spéciales). Toutes les affaires criminelles renvoyées devant une juridiction de jugement devaient être jugées par une cour d'assises et il ne pouvait y avoir qu'une cour d'assises par département (C. pr. pén., art. 232 et 234). Si, dans un département, la cour d'assises n'était pas en mesure de juger les affaires criminelles au rythme de l'ouverture des procédures criminelles et des renvois décidés par les juridictions de l'instruction, alors les dossiers s'accumulaient nécessairement, le stock des affaires en attente de jugement grossissait et les délais pour être jugé s'allongeaient.

4. V. C. Vigour, « Justice : l'introduction d'une rationalité managériale comme euphémisation des enjeux politiques », *Droit et société* 2006, n° 2-3, p. 425 s.

5. Le fait qu'une réforme de la justice criminelle ne saurait se réduire à un problème de gestion des flux, mais doit aussi prendre en compte les dimensions politiques et symboliques de la justice criminelle a été largement abordé dans le cadre du colloque et ailleurs. Nous n'aborderons pas dans ce chapitre cette dimension du problème mais nous ne la sous-estimons nullement.

Une des clés pour comprendre la tendance à l'engorgement de la justice criminelle est le fonctionnement singulier de la cour d'assises. C'est une pièce sophistiquée mais délicate du système. Quand elle fonctionne, la cour d'assises donne satisfaction comme on l'a vu. Elle permet à la justice de se réaliser dans de bonnes conditions. En revanche, elle ne permet guère à la justice de s'écouler rapidement, parce que ce n'est pas une pièce du système qui est susceptible de gagner en fluidité si on la soumet à une plus forte pression. Le temps de l'audience est difficilement compressible en raison de l'oralité de la procédure et du souci croissant d'offrir aux parties la possibilité de s'exprimer, en lien notamment avec l'attention portée à la justice restaurative. Il faut aussi du temps entre deux sessions d'assises pour que le dispositif récupère sa capacité à fonctionner de nouveau avec des ressources nouvelles (nouveaux assesseurs, nouveaux jurés...). Concrètement, les professionnels de la justice criminelle témoignent souvent du fait qu'il n'est guère possible d'enchaîner de façon continue les procès aux assises, parce qu'il faut relâcher une forme de pression mentale et permettre notamment aux présidents de se reconcentrer sur de nouvelles affaires. Surtout, il n'est pas possible de mobiliser de façon continue les jurés citoyens. Ces explications ne convainquent pas pleinement car le fonctionnement théoriquement intermittent des cours d'assises n'empêche en réalité pas que les formations de la cour d'assises d'un département se relaient sur un rythme quasi continu dans certaines grandes juridictions (avec des présidents qui se relaient), voire, comme à Paris, que des sections différentes de la cour d'assises fonctionnent simultanément (C. pr. pén., art. 233).

Les cours criminelles sont présentées comme une réponse à l'engorgement de la justice criminelle qui se manifeste au niveau des cours d'assises. Il est intéressant d'observer que l'on parle volontiers de « cours d'assises engorgées » alors que, même dans un registre quantitatif, on aurait pu pointer des juridictions criminelles « sous-dimensionnées ». Cela aurait appelé une autre réponse à la crise de la justice criminelle, sous la forme d'un renforcement des capacités des cours d'assises, à la place de la création de nouvelles juridictions impliquant au passage un recul du jury populaire...

B. LE PROBLÈME DU DÉLESTAGE DE LA JUSTICE CRIMINELLE SUR LES TRIBUNAUX CORRECTIONNELS

Pour faire face à l'engorgement des cours d'assises, la justice criminelle s'était déjà en pratique adaptée en orientant une partie des dossiers criminels vers les tribunaux correctionnels. La pratique de la « correctionnalisation » correspond ainsi à un délestage du système criminel vers une autre composante de la justice pénale, qui n'est normalement pas compétente pour juger des crimes (C. pr. pén., art. 382).

Cette pratique est apparue d'autant plus problématique qu'elle impliquait de nier la nature proprement criminelle des infractions pour leur permettre de s'écouler plus rapidement par le canal des tribunaux correctionnels. Que ce soit au stade de l'ouverture du dossier ou au cours de l'instruction, la « correctionnalisation » des affaires impliquait une dénaturation des faits (par exemple, fréquemment, un viol était requalifié en agression sexuelle). Très souvent, la correctionnalisation était présentée aux victimes comme la condition pour que le procès ne soit pas renvoyé à une date trop lointaine. Cette pratique était jugée particulièrement critiquable par les victimes de tels faits et celles et ceux qui les défendent.

Dans le cadre de la procédure pénale dans son état antérieur à la réforme instituant les CCD, les solutions pour désengorger les cours d'assises apparaissaient limitées. Au regard de la gravité des affaires (par définition, les crimes sont les infractions les plus graves), il n'était pas vraiment concevable de faire sortir les dossiers du système criminel sans les juger. Les pratiques de délestage qui sont utilisées pour les délits et les contraventions n'apparaissaient pas adaptées pour les crimes. Les réponses pénales alternatives à un traitement judiciaire des infractions (procédures négociées, classements, alternatives aux poursuites...) apparaissaient inappropriées et de toute façon les règles de la procédure pénale ne permettaient guère d'y avoir recours.

Faute de pouvoir éponger autrement le stock des affaires criminelles, la dérivation d'un flux important de dossiers vers les juridictions correctionnelles était un expédient pratique à défaut d'être satisfaisant. La correctionnalisation apparaissait ainsi comme la seule fuite permettant de soulager le système.

L'institution des CCD a ainsi répondu au souci de désengorger la justice criminelle sans recourir au délestage vers les tribunaux correctionnels. Il s'agissait de mettre en place un circuit parallèle pour assurer la fluidité du système, sans dénaturer les infractions criminelles. L'idée simple et séduisante d'instituer des CCD à côté des cours d'assises pour juger les crimes les moins graves ne résout pas pour autant le problème de façon satisfaisante comme nous allons le voir maintenant.

II. LA RÉFORME INSTITUANT LES CCD DÉBOUCHE SUR UNE SOLUTION INADAPTÉE À LA CRISE DE LA JUSTICE CRIMINELLE

On a des raisons de penser que la solution proposée dans le cadre de la réforme créant puis généralisant les CCD n'est pas bonne, tout d'abord parce que l'expérimentation qui devait permettre d'ajuster et de valider la réforme n'a pu être concluante (A), et ensuite parce que la réforme a sous-estimé les conséquences induites par la création de ces nouvelles juridictions et les moyens nécessaires (B).

A. UNE EXPÉRIMENTATION NON CONCLUANTE

De prime abord, l'idée de recourir à une expérimentation (autorisée par l'article 37-1 de la Constitution) pour que la réforme envisagée soit un succès est intéressante[6], à la fois méthodologiquement et stratégiquement.

Le choix de l'expérimentation législative apparaît sage dès lors qu'il s'agit de réorganiser rien moins que le fonctionnement de la justice criminelle et que cette matière repose sur des équilibres délicats qu'il s'agit d'assurer. Méthodologiquement, il n'était donc pas absurde de vérifier, à partir d'un test, que le nouveau dispositif permettrait effectivement d'atteindre les objectifs ayant inspiré la réforme et ne générerait pas d'effets pervers rédhibitoires. Cette approche témoigne d'une forme d'humilité du législateur qui n'a pas la présomption de penser qu'il peut résoudre un problème délicat à partir d'une solution imaginée sur le papier, sans s'assurer que sa mise en œuvre dans la réalité ne posera pas des difficultés non anticipées. Pour filer la métaphore hydraulique, c'est un peu comme si un ingénieur voulait tester sur un modèle réduit ou sur un prototype, la réorganisation d'un circuit complexe, pour voir si le nouveau dispositif fonctionne et procure les avantages attendus. Cette méthode permet de corriger le prototype, et le cas échéant de constater que le projet imaginé sur le papier doit être abandonné au profit d'une autre formule ou du maintien de l'ancien système si le nouveau système donne une moindre satisfaction. Dès lors qu'on se préoccupe de l'intérêt d'une innovation pour ses utilisateurs (c'est-à-dire les justiciables et les protagonistes des procès criminels), il est particulièrement pertinent de tester le prototype auprès desdits utilisateurs, comme dans le domaine du design et de « l'expérience utilisateur » (UX).

Stratégiquement, l'expérimentation apparaissait aussi pour ses promoteurs comme un moyen de vaincre les réticences de certains acteurs, en particulier celles des avocats pénalistes, en démontrant que, dans les faits, les nouvelles CCD ainsi créées pouvaient permettre de rendre une bonne justice, tout comme les cours d'assises. Au sein des institutions publiques, l'expérimentation permettait aussi au ministre de la Justice, qui portait le projet de réforme, de désarmer les réticences éventuelles des parlementaires, en leur disant en substance « essayons de résoudre la crise de la justice criminelle grâce aux CCD et on verra bien au terme de l'expérimentation si ça fonctionne ».

Le problème pour la réforme de la justice criminelle, c'est que l'expérimentation n'a pas pu être concluante. Elle a été mal conçue. Elle a été menée

6. Elle soulève toutefois des problèmes du point de vue de l'égalité devant la justice, puisque pendant l'expérimentation, les justiciables n'étaient pas soumis au même régime selon que leur affaire était jugée dans un département retenu pour l'expérimentation ou pas. Sur les avantages et limites de l'expérimentation, v. l'étude du Conseil d'État, *Les expérimentations. Comment innover dans la conduite des politiques publiques ?*, La Documentation française, 3 oct. 2019.

dans des conditions défavorables. Elle a été interrompue prématurément. Et surtout, il n'en a pratiquement pas été tenu compte.

Il convient tout d'abord de remarquer que l'échantillon d'une quinzaine de départements choisis lors des trois vagues de l'expérimentation (arrêté du 25 avril 2019, puis du 2 mars 2020 puis du 2 juillet 2020) n'est pas représentatif de la situation de la justice criminelle en France. La quasi-totalité des départements retenus pour l'expérimentation étaient des sièges de cour d'appel, ce qui est de nature à leur procurer des moyens et des facilités supplémentaires. Ni Paris ni les départements de la petite couronne n'ont expérimenté les CCD alors que ce sont juridictions où le nombre de crimes est le plus élevé et où la crise est logiquement particulièrement sensible. Le fait que cet échantillon ne soit pas représentatif s'explique par le fait que les départements expérimentaux étaient volontaires. On a de bonnes raisons de penser que ce ne sont pas les départements les plus submergés par la criminalité (à part, peut-être, l'Hérault et la Guyane) qui se sont portés volontaires. Il est alors plus difficile d'évaluer si la réforme permet de résoudre les problèmes, si ces problèmes sont localement peu intenses.

Ensuite, il faut remarquer que l'expérimentation s'est déroulée dans un contexte très particulier marqué par la crise du Covid et par les grèves des avocats qui ont désorganisé d'une façon générale le fonctionnement de la justice. Il est difficile de déterminer si les CCD permettent d'améliorer la fluidité du fonctionnement des juridictions lorsque les palais de justice sont d'une façon générale aux prises avec des difficultés plus importantes encore qu'à l'ordinaire. Dans de telles conditions, l'expérimentation risquait de ne pas être probante. On aurait donc imaginé que le gouvernement allait décider de prolonger l'expérimentation pour pouvoir observer ces effets dans un contexte non dégradé. Non seulement le gouvernement n'a pas prolongé l'expérimentation mais il l'a même interrompue prématurément, avant la durée de trois ans initialement prévue.

Les parlementaires ont ainsi été invités à voter la généralisation des CCD dans le cadre de la loi pour la confiance judiciaire. Le plus grave est que le Parlement n'a pas pu prendre sa décision sur la base d'un bilan complet et en bonne et due forme de l'expérimentation. Des évaluations partielles (mission Flash Mazars-Savignat du 16 décembre 2020 et rapport Getti du 11 janvier 2021) ont été dans un premier temps les seuls documents mis à la disposition des députés et des sénateurs. Le rapport préparé par la Chancellerie par Mme Gallen (avril 2021) ne leur a été transmis que dans un second temps. En réalité, ces rapports officiels, tout comme les études menées par le groupe de travail présidé par Mme Besnier[7] ou le rapport du DGS 4 de l'IHEMI précité, relèvent tous qu'ils ne disposent pas des informations leur permettant de trancher des points capitaux. Certes, il y a un consensus sur le fait que la

7. C. Besnier (dir.), *De l'expérimentation des cours criminelles départementales. Une réforme souhaitable mais non sans risques (2018-2022)*, IERDJ, nov. 2022.

procédure orale dans le cadre des audiences devant les CCD a été globalement bien respectée. Mais d'autres questions clés, comme les économies de temps et d'argent réellement obtenues grâce aux CCD et surtout les effets des CCD sur la diminution des correctionnalisations d'affaires criminelles, ne sont pas documentées. Au moment où les parlementaires se sont prononcés sur la généralisation des CCD, ils ne disposaient pas de projections quantitatives fiables sur la capacité du nouveau système fondé sur la coexistence des cours d'assises et des CCD, à désengorger effectivement la justice criminelle et à réduire significativement les délais d'audiencement des procès.

On peut se demander si l'expérimentation n'a pas simplement servi à désarmer les oppositions à une réforme qui aboutit quand même à marginaliser le jury populaire, en invoquant une nécessité technique de réorganisation de la justice criminelle, mais sans avoir pris au sérieux l'expérimentation de la réforme.

B. UNE RÉFORME MAL PENSÉE

L'absence d'évaluation complète du dispositif proposé à la place de l'ancien système est d'autant plus regrettable qu'une analyse approfondie de la réforme et de ses conséquences conduit à penser qu'elle ne pourrait produire les effets attendus qu'à la condition d'engager des moyens importants qui n'ont pas été programmés dans le cadre de cette réforme.

La première faiblesse de la réforme réside dans le manque d'anticipation des effets latéraux du remplacement des cours d'assises par les CCD pour le jugement des affaires où les accusés encourent moins de 20 ans de réclusion. Dans l'esprit des promoteurs de la réforme, il s'agit d'une réforme limitée, visant à drainer une partie des dossiers concernant des crimes pour désengorger les juridictions criminelles. Ce sont essentiellement des économies qui ont été anticipées. S'il n'y a plus de jurys populaires dans ces juridictions, on réalise des économies sur l'indemnisation, l'accueil et la sélection des jurés. Or, la substitution des CCD aux cours d'assises implique aussi de mobiliser quatre assesseurs et non plus deux (en plus du président de la cour). Cela revient à multiplier par deux la demande de magistrats siégeant en matière criminelle. Cela ne peut qu'alourdir le « service pénal » des magistrats qui sont ainsi sollicités. Si ce sont des magistrats de carrière, leur implication encore plus importante pour siéger dans les juridictions criminelles se fera nécessairement au détriment de leurs autres attributions (il y a donc un effet d'éviction non anticipé). De façon plus ou moins explicite, les promoteurs de la réforme considèrent que les deux sièges supplémentaires d'assesseurs ont en réalité vocation à être occupés, non par des magistrats de carrière en activité, mais par des MTT, des MHFJ ou des AHFJ. Le problème de cette solution tient au fait que cette demande additionnelle dans ce type de ressources n'a pas conduit le ministère à accroitre l'offre en conséquence, au moins dans un premier temps. Au contraire, le nombre de MTT tend plutôt à décroître dans la période récente. En outre, il s'avère que les ressources en MTT, MHFJ et AHFJ ne sont pas uniformément réparties sur le territoire. Concrètement, ces ressources sont présentes dans les départements où l'on compte de nombreux retraités (littoral, sud du pays, DOM...) mais beaucoup moins dans les départements qui peinent à attirer et même à retenir des retraités.

Le défaut d'anticipation des promoteurs de la réforme est aussi patent en ce qui concerne les conséquences de la réforme sur la charge de travail des cabinets d'instruction. L'objectif de la réforme n'était pas seulement de désengorger les cours d'assises, mais aussi de mettre fin aux correctionnalisations intempestives. Cela signifie que la réforme est censée conduire à réintégrer une partie du flux des affaires (qui auraient autrefois été orientées vers les tribunaux correctionnels) vers les juridictions criminelles, en particulier les CCD compétentes notamment pour les viols. La réforme ne doit pas seulement se traduire par une augmentation du volume d'affaires jugées par les juridictions criminelles, mais aussi par un surcroit de travail pour les juges d'instruction puisque l'ouverture d'une information judiciaire est obligatoire en matière criminelle alors qu'elle ne l'est pas pour les délits. Ce problème a manifestement été complètement sous-estimé ou pas anticipé par les services du ministère qui ont travaillé sur le projet. La réforme des CCD s'accompagne seulement d'une « dépolarisation » partielle de l'instruction. Outre que ce mouvement constitue une espèce de retour en arrière par rapport à la réforme engagée après l'affaire d'Outreau, il n'est pas vraiment de nature à résoudre la question de l'augmentation du nombre de dossiers qui seront ouverts à l'instruction, s'il n'y a pas une augmentation du nombre de magistrats instructeurs, en particulier dans les départements où il y a le plus de crimes.

Les capacités d'anticipation des promoteurs de la réforme sont aussi prises en défaut en ce qui concerne les ressources communes des juridictions criminelles. Comme on l'a noté, ce qui peut permettre de désengorger la justice criminelle en dépit de l'augmentation du nombre de dossiers qui devrait suivre la fin de la pratique des correctionnalisations intempestives, c'est la possibilité que les juridictions criminelles (cours d'assises d'une part et CCD d'autre part) puissent juger plus de dossiers, en travaillant en parallèle ou en alternance. Le problème réside dans le fait qu'une partie des ressources qui permettent aux deux types de juridictions criminelles de fonctionner sont en réalité communes. Ce sont les mêmes magistrats des cours d'appel qui président les cours d'assises et les CCD. Ce sont les mêmes salles d'audiences qui sont utilisées pour les procès devant l'une ou l'autre juridiction. Ce sont en pratique les mêmes greffiers, les mêmes forces de sécurité mobilisées pour les escortes ou la police de l'audience, etc. Ainsi doit-on considérer que ces ressources, si elles ne sont pas dupliquées, constitueront un nouveau goulot d'étranglement du système judiciaire en matière criminelle. La possibilité, introduite par voie d'amendement parlementaire au cours des débats, que la CCD d'un département siège dans une autre ville que celle où siège la cour d'assises (C. pr. pén., art. 380-17) est une solution intéressante pour permettre matériellement que les deux types de juridictions criminelles puissent travailler en parallèle. Encore faut-il que la salle d'audience affectée à la CCD soit en état de recevoir un procès criminel, et plus généralement que les effectifs de magistrats, de greffiers, de policiers, etc., permettent le dédoublement des procès criminels.

Il apparaît finalement que l'alternative évoquée lorsque la réforme a commencé à être envisagée était une fausse alternative : soit renforcer les moyens des juridictions criminelles (c'est-à-dire initialement les cours d'assises), soit réorganiser la justice criminelle en créant les CCD à côté des cours d'assises qui verraient leur domaine de compétence se réduire. En réalité, pour que la justice criminelle soit en mesure de faire face aux affaires criminelles qui sont nombreuses et même vouées à augmenter (ce qui n'a guère été anticipé par les promoteurs de la réforme), il faut absolument que des moyens suffisants et adaptés lui soient alloués.

CONCLUSION

On peut tirer deux conclusions prenant la forme d'un regret par rapport au passé et d'une crainte pour l'avenir.

Si on prend en compte les moyens induits pour faire fonctionner en parallèle ou en alternance les cours d'assises et les CCD, on réalise que la solution clé pour désengorger la justice criminelle consiste à démultiplier les juridictions criminelles, là où c'est nécessaire. Force est de constater que cela n'impliquait pas forcément de substituer des CCD à des cours d'assises. Il aurait suffi d'accroitre les ressources allouées aux cours d'assises pour leur permettre de fonctionner plus longtemps, pour absorber le flux de dossiers à juger, voire, dans les départements les plus tendus, prévoir, comme à Paris, la possibilité que la cour d'assises comprenne plusieurs sections susceptibles de siéger simultanément.

De plus, on ne peut s'empêcher de se dire que si l'engorgement de la justice criminelle est en réalité ponctuel et localisé, en raison du niveau élevé de la criminalité dans certains ressorts ou en raison de dysfonctionnements passés des juridictions criminelles et/ou des juridictions d'instruction, alors la solution aurait dû consister à renforcer ponctuellement la justice criminelle dans ces ressorts, afin de purger les stocks d'affaires en attente, plutôt que de prévoir une réforme qui s'applique uniformément dans tous les départements, y compris ceux qui n'étaient pas particulièrement engorgés. Là encore, cette solution pragmatique aurait permis d'apporter une solution à l'engorgement de la justice criminelle sans remettre en cause le principe du jury populaire.

Au-delà du regret que l'on peut avoir à l'endroit de la réforme de la justice criminelle, on peut nourrir l'inquiétude que les faiblesses de la réforme, surtout si des moyens adéquats ne lui sont pas apportés pour lui permettre de réussir, ne se traduisent par de nouvelles régressions. Si les CCD nouvellement créées ne permettent pas de résorber le stock des affaires criminelles en attente et de désengorger les cours d'assises, on peut craindre que : a) le champ d'application des CCD soit étendu (pour alléger encore un peu plus les cours d'assises, voire pour les faire disparaître complètement) ; b) le mode de fonctionnement des juridictions criminelles soit infléchi (notamment sous la forme d'une régression de l'oralité devant les CCD – que certains observateurs perçoivent depuis la fin de l'expérimentation) ; c) la composition des juridictions soit revue à la baisse (les CCD pourraient être composées de trois magistrats plutôt que cinq, ce qui pourrait être recommandé s'il s'avère compliqué en pratique de mobiliser deux assesseurs supplémentaires) ; d) la rétrogradation massive des crimes en délits se poursuive (absence *de facto* de reflux des correctionnalisations) voire soit consacrée (par une diminution des peines encourues par les auteurs de viols qui aboutirait à les correctionnaliser *de jure*).

Conclusion

HENRI LECLERC†
Avocat honoraire au barreau de Paris, président d'honneur de la Ligue des droits de l'homme[1]

B. F. :
Pour terminer cette table ronde, et avant la séance de question, je vais donner la parole à Maître Henri Leclerc.

Maître Henri Leclerc, vous êtes avocat honoraire, vous êtes président d'honneur de la Ligue des droits de l'homme. C'est à vous qu'il appartient de conclure ces deux jours de colloque sur la question de l'avenir du « jury populaire ».

H. L. :
Je ne vais pas conclure, parce que ce débat est impossible à conclure. On va essayer de commencer. La cour d'assises, et bien je la connais bien, j'y ai été soixante-cinq ans et, mettons que, après les cinq ou six premières années, et en excluant un peu aussi les cinq ou six dernières, j'ai plaidé une dizaine d'affaires par an. Ce qui me fait un bagage d'environ six cents ou six cent cinquante affaires. Six cents ou six cent cinquante affaires dans ma vie. Donc je crois connaître la cour d'assises.

Et, première chose que je veux dire quand on parle des jurés : j'ai toujours considéré que les jurés étaient les personnes les plus importantes dans le procès pénal. Certes, j'ai bien su que notre système actuel donnait aux magistrats un poids et une influence considérables. Mais en même temps, contrairement à ce qu'on dit partout, contrairement à ce que j'ai entendu dire, dans un débat même avec des magistrats, les jurés qui arrivent à l'audience sont en général des gens qui veulent bien faire. Certes, quand on tire au sort, on en voit quelques-uns qui disent : « Ah ! chic, chic, chic », bon, ça c'était mauvais ! Ceux qui se lèvent avec le visage un peu terrifié de la responsabilité qu'on leur donne et que l'on va voir après, attentifs, réfléchissants, étant émus quelques fois, étant en colère d'autres fois, mais vivant l'audience. Et

1. Ce texte est une retranscription écrite de l'intervention orale de l'auteur, son style a donc été conservé.

bien je dois dire que, en soixante-cinq ans, j'en ai connu beaucoup sinon la majorité. Et ça, ça vous donne une certaine confiance.

C'est compliqué parce que quand on arrive dans une salle d'audience, on voit ces jurés, on sait que l'on a une argumentation, tout un tas de choses. Mais ce qui est d'abord en cause, c'est à mon avis notre système de procédure pénale. Pourquoi ? Parce que le dossier qui arrive dans une cour d'assises, c'est un dossier qui a été étudié par la police, qui en général cherche à élucider une affaire et à trouver le coupable, c'est son métier. Pas à trouver l'innocent, à trouver le coupable. Puis ça arrive au parquet, qui estime qu'il convient de communiquer à un juge d'instruction. Puis ça arrive à un juge d'instruction. Il va essayer de voir si « le dossier tient », comme ils disent. Si le dossier tient, il tient pourquoi ? Est-ce pour dire que quelqu'un est innocent, ou pour dire que quelqu'un est coupable ? Bien entendu, il « tient » dans ce dernier sens. Puis vous avez le réquisitoire définitif du procureur. Puis vous avez le réquisitoire définitif du procureur général. Puis vous avez un arrêt de trois magistrats de la Cour de cassation. Et tout ça arrive devant la cour d'assises, on vous le lit au départ. Bon, on le résume selon les situations. Et vous avez donc une charge énorme qui commence le procès. Le procès, il est déjà ficelé, en principe, avant d'arriver, voilà ! Donc je pense que nous avons une tare dans notre système de procédure dont nous n'arrivons pas à nous détacher.

J'ai bien entendu tout ce que l'on se disait tout à l'heure sur l'importance du personnage de Napoléon Ier. Mais je voudrais dire que Napoléon Ier a créé notre procédure mais il a d'abord créé notre juge d'instruction ! Et là, le système général qui donne à la phase préparatoire du procès une importance considérable à ceux qui recherchent, bien sûr, toujours la vérité, mais qui recherchent aussi à établir que celui qui est entre leurs mains, celui que la Police a mis entre leurs mains, est bien coupable. Et que les policiers ne se sont pas trompés. Voilà ! Alors, je ne dis pas que c'est cent pour cent des cas. Mais je dis que c'est assez fréquent. Moi quand je suis arrivé c'était en 1955, je n'ai donc pas connu les beaux jours du système avant 1941. Mais j'ai eu la chance de connaître beaucoup d'avocats, au faîte de leur gloire, qui avaient vécu ce système d'avant-guerre. Je dois dire que tous, quelles que soient leurs personnalités, complètement différentes, Garçon, Floriot, Isorni, Naud, tous disaient la même chose : « le procès d'assises n'est plus le même aujourd'hui ». Car les jurés, bien sûr, étaient influencés par le président. Bien sûr, la façon dont le débat était mené, était extrêmement importante. Bien sûr, on sait qu'il y avait des présidents qui n'étaient guère impartiaux. Je fréquentais des gens qui avaient connu le procès de Zola. C'était vous dire à quel point on pouvait mettre en cause le comportement de certains magistrats. Mais en même temps, ils avaient confiance un peu plus dans les jurés ! Et quand ils plaidaient avant moi et que moi, j'essayai de tenir un peu la rampe, ils disaient tous ça. Ils disaient tous : « on ne va pas y arriver, on ne va pas arriver à les convaincre ! Écoute comment le magistrat interroge, etc. ». Bon, donc il y a un problème de procédure. C'est le premier point.

Que les jurés, c'est-à-dire que les juges populaires citoyens, rendent la justice, quoi de plus normal, d'abord ? Alors, on ne va pas faire une histoire de la justice mais enfin, que certains d'entre vous lisent l'Apologie de Socrate et voient effectivement comment se passait un procès à Athènes. À Athènes, c'était un procès totalement oral, et curieux, il y avait les héliastes qui étaient élus tous les jours, on en élisait trois mille par an et tous les jours on en élisait deux à trois cents pour les procès du jour. Et ils attendaient, ils avaient chacun dans la main un petit caillou blanc et un petit caillou noir. L'accusateur parlait le premier, il y avait obligatoirement un accusateur. S'il obtenait la condamnation, il était récompensé. S'il n'obtenait pas la condamnation, il était sévèrement réprimé. Et après lui parlait l'accusé. Ce qu'il y a extraordinaire, c'est qu'il n'y avait même pas de débat. Chacun faisait son discours. On est dans la période où naît la rhétorique, et vous pensez bien que dans le discours de Socrate, c'est passionnant ! Donc un procès totalement rendu par le peuple. Bon, disons à l'époque les citoyens qu'on appelle peuple. Il n'y avait pas beaucoup d'esclaves, il n'y avait pas beaucoup de femmes qui votaient. Après les Romains ont continué un peu. Puis le Bas-Empire a fait une justice rude, totalement inquisitoire, et qui s'est effilochée au Moyen Âge. N'entrons pas dans les détails. Et, au XIIe siècle, les rois de France ont repris la justice de l'inquisition, c'est-à-dire les tribunaux ecclésiastiques qui reprenaient un peu la justice du Bas-Empire, très sévère... Laissons passer du temps. 1670, la grande ordonnance du roi. Colbert et Pussort rédigent cette ordonnance. Avec une procédure, un monument juridique mais avec un système complètement absurde. Mais d'une absurdité telle que quand on le lit aujourd'hui, on se dit : « comment des gens aussi intelligents ont-ils pu concevoir ça ? ». Ils n'étaient pas seulement intelligents, ils étaient des fanatiques de l'absolutisme. La preuve est une preuve totalement juridique. L'intime conviction est interdite. Ce que croit le juge dans son for intérieur ne doit pas entrer en ligne de compte. Il faut qu'il y ait des éléments de preuve, un témoignage direct, deux témoignages indirects, quatre ouï-dire, etc., et bien entendu la *summa probatio* : la torture qui permet d'arracher les aveux. Système aberrant, scandaleux ! Durant tout le XVIIIe siècle, le chevalier de la Barre, Lally-Tollendal... Lally-Tollendal, c'est intéressant parce qu'on a les cahiers des délibérés des juges. C'est totalement juridique, c'est-à-dire qu'ils ne posent pas une fois « est-il coupable ou non ? ». Des juges disent « mais il est mis à cause par un témoin direct », c'est donc une preuve ! D'autres juges disent « c'est pas un témoin, c'est un témoin indirect ». C'est vraiment une justice absurde ! Et ce n'est pas pour rien qu'au XVIIIe siècle, va naître notre justice actuelle. Elle va naître dans les débats, dans les écrits, des révolutionnaires et des philosophes, de ceux qu'ils pensent. Montesquieu, par exemple, est très partisan de faire juger par les citoyens. Et bien d'autres. Et Voltaire est un fanatique de la justice anglaise. Et quand arrivent les cahiers des États généraux, c'est une demande générale. Qu'est-ce que l'on demande? On demande que le peuple soit jugé par les citoyens jurés. On demande que la procédure soit entièrement orale et plus secrète. Parce que ce qu'il y a d'extraordinaire dans cette justice d'Ancien Régime, c'est qu'elle était totalement secrète! C'est-à-dire qu'il n'y avait aucun débat! Aucun débat! Il n'y avait qu'une chose qui était publique, c'est la sentence! Même pas motivée! Et quand Louis XVI se rendant compte, sous l'appui d'un certain nombre, qu'il faut changer, qu'il faut abolir la torture, en 1788, il a contre lui le Parlement, qui refuse de l'abolir. Il est obligé de l'imposer par le dernier acte de la monarchie absolue. Le dernier acte, c'est abolition de la torture. Que voulez-vous? Retenons quand même cela à l'avantage de Louis XVI qui avait bien d'autres défauts et qui les a payés cher.

Et là immédiatement, ça va changer. Ça va changer pourquoi? D'abord parce qu'il va y avoir la Déclaration des droits de l'Homme, qui comprend un certain nombre d'articles qui visent directement le problème judiciaire. Tout ce qui n'est pas défendu ne peut être interdit. Et il y a bien entendu la forme du procès. Il y a ensuite les peines strictement nécessaires qui ne peuvent être exprimées que par des lois qui sont en exercice. Et la présomption d'innocence, bien entendu, qui est un fondement, que l'on affirme comme un fait. Et là, la procédure va changer immédiatement. Par quoi elle va changer au départ? Elle ne peut pas flanquer en l'air l'ordonnance comme ça et tous les mécanismes de la justice, non! Simplement, on rend la justice publique. Et j'ai lu, en 1791, un procès qui se passe au Chatelet, je crois. C'est un procès énorme qui est fait à un monsieur Buzenval je crois, qui était le directeur de la garde militaire de Paris le 14 juillet 1789. Personne ne donne cher de sa vie. On n'est encore qu'en 1791, ce n'est pas le tribunal révolutionnaire. Et il y a un avocat, qui est Raymond de Sèze, qui sera après l'avocat de Louis XVI, qui fait une plaidoirie de deux heures. Et que disent les journaux? Ils disent « on a vu une chose extraordinaire : "les arguments développés publiquement devant tout le monde : le tribunal, le public, les journalistes. Tout le monde entendait le même discours et tout le monde pouvait partager un certain nombre de choses" », c'est-à-dire un procès oral où il n'y a plus de caché. Buzenval sera acquitté – bon, je pense que c'est le dernier qui sera acquitté par la justice révolutionnaire, mais il sera acquitté –, et là on se rend compte que l'oralité des débats a changé beaucoup de choses.

Le débat de 1791 à l'Assemblée nationale constituante est un débat absolument passionnant. Je l'ai lu intégralement, Benjamin l'a lu, voilà, on n'est pas très nombreux à l'avoir lu. C'est pas facile, parce que c'est pas bien écrit et les livres que l'on peut avoir sont un peu sombres pour la lecture. Mais c'est absolument passionnant. C'est-à-dire que le débat, il va se faire sur tout ça! Sur les jurés, là il n'y a pratiquement pas d'opposition. Sur le fait qu'on va faire juger les gens par les jurés. Deuxième problème, la preuve. On abandonne complètement cette preuve absurde par des moyens juridiques, et on accepte la preuve par intime conviction. L'intime conviction la définit par un texte qui date de 1791 et qui est encore aujourd'hui dans notre Code de procédure pénale. On y parle de recueillement, de raison. On dit simplement l'impression qu'ont fait les preuves sur vous, votre raison, votre conscience. On dit « vous n'avez pas de moyens particuliers, c'est votre conviction personnelle! ». La confiance aux citoyens qui est énorme. Et on va construire un Code de procédure pénale où les jurés ont une très grande importance : c'est le code des délits et des peines de 1791. Ça c'est une véritable révolution. Je veux dire que je crois que cela n'a été possible que parce qu'en même temps il y avait une révolution. C'est-à-dire que c'était totalement lié à une nouvelle conception de l'Homme qui s'exprimait dans la Déclaration des droits de l'Homme, qui s'exprimait dans beaucoup de choses. Une nouvelle conception de l'Homme, et la justice devient un élément qui imprègne le peuple. Cela ne veut pas dire qu'il n'y aura après une horrible dérive. Le tribunal révolutionnaire ça n'a plus rien à voir avec tout ça. Le tribunal révolutionnaire est effectivement une espèce de grand dérapage criminel de la justice sur lequel il faut réfléchir. Ce qui n'ont pas lu *Les dieux ont soif* d'Anatole France devraient se précipiter pour le lire, puisque tout y est expliqué.

Lorsqu'on regarde les travaux de l'Assemblée nationale constituante, les interventions sont passionnantes, et le souci des révolutionnaires est le souci des libertés individuelles et des libertés collectives, les deux! On est étonné par exemple, de trouver contre le jury, contre l'intime conviction, Robespierre qui est encore englué dans sa formation d'avocat, mais qui changera un peu d'avis après. Et il y a une chose que je voudrais vous dire. Vous savez, quelqu'un parlait tout à l'heure du jury à l'anglaise. J'ai trouvé dans *Le Moniteur* un encadré de quelqu'un qui protestait avec une énergie folle et qui a même demandé qu'il y ait un vote (qui n'a pas eu lieu) pour dire qu'il fallait appeler l'aéropage qui allait juger « jurande » mais pas « jury », parce que « jury » était un terme anglais et que nous n'avions pas à utiliser un terme anglais. Il n'a pas été écouté. Mais c'est intéressant de voir qu'en fait le système anglais avait une très grande importance. Certes aujourd'hui, on a des systèmes différents qu'on a très bien expliqués tout à l'heure. Mais à ce moment-là, c'était le ralliement à l'Angleterre.

Donc on a créé une justice, mais après les choses n'ont pas très bien marché. Certes cette justice a eu le temps de rendre un certain nombre de décisions avec quelques erreurs judiciaires, comme celle de Lesurques. Il a fallu attendre Napoléon, qui a tout de suite compris l'importance de la justice. Il a compris que la justice était au centre et il a voulu la réformer. Ce qu'il y a d'extraordinaire à propos du jury, c'est une défaite de Napoléon. Certes, il y a un certain nombre de points pour lesquels il va gagner, et il est venu lui-même présider le Conseil d'État, à plusieurs reprises. Mais il a été battu par les révolutionnaires juristes qui ne lui ont pas permis de remplacer la preuve par l'intime conviction, qui ne lui ont pas permis d'arrêter l'oralité des débats, c'est-à-dire, il n'y a plus de débat à huis clos, qui ne lui ont pas permis d'éviter le jury, c'est essentiel. Alors certes, il a organisé sa justice comme une armée, avec à sa tête le procureur général du roi. Il a organisé une justice qui était plutôt aux ordres. Il a créé le juge d'instruction, ce qui était extrêmement important. Le jury marche à partir de ce moment-là. Le jury marche, en ce sens qu'il y a le jury qui décide sur la culpabilité et la cour, c'est-à-dire les trois magistrats, qui décident sur la peine.

Et en 1832, c'est très intéressant, on va créer les circonstances atténuantes sur lesquelles votent les jurés obligatoirement à la majorité. Les circonstances atténuantes qui empêchent de prononcer la peine suprême qui est très souvent la peine de mort. Pourquoi ce nouveau système ? Parce que Louis-Philippe trouvait qu'il y avait beaucoup trop d'acquittements. Pourquoi y avait-il tant d'acquittements ? Parce que comme la peine était obligatoire en fonction de l'infraction reconnue, c'est-à-dire que si vous aviez commis un assassinat, vous étiez condamné à mort et vous ne pouviez pas discuter de la peine. Quand la réponse sur la culpabilité était oui, vous étiez condamné à mort. Que faisaient les jurés ? Ils voyaient un type qui était jugé, ils n'avaient pas envie de condamner à mort. Ils trouvaient que c'était trop. Alors ils l'acquittaient. Et on a introduit les circonstances atténuantes pour que les jurés puissent condamner quelqu'un sans le condamner à mort. Après il y a eu un certain nombre d'évolutions, je passe sur les détails.

En 1932, on va commencer à réfléchir à une réforme du jury. C'est vrai que la réforme du jury dont on se plaint aujourd'hui est une réforme de Vichy, de Barthélémy, le ministre de la Justice, mais c'est une réforme qui avait en fait repris les anciens dossiers du ministère. Dès 1932, on trouvait qu'il y en avait assez de ces jurés qui jugeaient seuls : « Pourquoi les citoyens peuvent-ils juger ? Juger, c'est un acte de gouvernement, les citoyens ne sont pas encadrés suffisamment ! Ils délibèrent tous seuls. » Moi, j'ai bien vu à Paris, par exemple, dans la grande salle de la cour d'assises, la salle au premier étage où délibéraient les jurés, le président n'avait pas le droit d'y aller ! Et en 1932, on a donc permis aux magistrats de délibérer sur la peine avec les jurés. C'était très important ! Certes, les magistrats n'assistaient pas aux délibérés sur le fond, ils n'assistaient qu'aux délibérés sur la peine. Mais pour la première fois, les jurés votaient avec les magistrats. Immédiatement, l'accroissement des peines a été visible. Et on a préparé pire ! On a donc préparé une loi qui ferait délibérer les jurés avec les magistrats sur la culpabilité et sur la peine. C'est la loi de 1941. On peut dire que c'est une loi de Vichy, mais elle avait été préparée avant-guerre.

Quand la guerre a été finie, quand il y a eu la Libération, vous savez que les actes législatifs de Vichy ont été déclarés « actes dits lois », et il fallait les valider avant une certaine date. Et j'ai vu un jour dans une revue – je la cherche, je ne l'ai pas trouvée malheureusement, parce que je l'ai vue il y a quarante ou cinquante ans – une lettre de Monsieur Maurice Patin, qui était un juriste très célèbre, président que la chambre criminelle, grand annotateur du *Dalloz*. Et Monsieur Maurice Patin écrit au général de Gaulle et lui dit : « C'est demain le dernier jour, il faut absolument que vous validiez cette loi parce que jamais le peuple n'acceptera qu'on le prive de ses jurés », et de Gaulle a validé bien entendu le lendemain cette ordonnance qui est aujourd'hui le sens de notre droit pénal. Bon cette histoire vous la connaissez, mais je trouve qu'il est important de voir cette évolution. Pourquoi a-t-on retiré aux jurés le monopole de déclarer la culpabilité et même la peine? Pourquoi? Quelle est la raison qui a pu mener à ça? Que les peines seraient plus injustes quand elles seraient rendues par les jurés? Alors là bon j'ai tous mes vieux maîtres qui hurleraient s'ils étaient ici!

Après il y a eu quelques évolutions encore. Il ne faut pas oublier qu'avant, les jurés étaient tirés sur des listes qui étaient établies par le maire et le conseil général, et c'étaient un certain nombre de notables du canton qui étaient désignés. En 1974, c'est Giscard d'Estaing qui dit que les jurés seront désignés par tirage au sort sur les listes électorales. Beaucoup ont protesté, moi j'ai trouvé que cela n'était pas mal du tout. On avait les jurés qui ne venaient pas toujours endimanchés, mais on a des jurés dont moi je voyais, et j'ai toujours vu leurs réactions. Certes j'ai pu me tromper. Et il a pu m'arriver que je trouve qu'un juré avait une sale tête et semblait très méchant, mais qui après s'est révélé pas méchant. Mais en règle générale, un vieil avocat ou même un avocat jeune, il voit sur le visage des jurés. Il y voit des choses passer. Et quand, après, il voit la décision contraire à ce que voulaient les jurés, il voit leurs visages effondrés. Moi j'ai vu ça cent fois dans ma vie. Cent fois des jurés sont venus me courir derrière, après un procès d'assises, pour me dire « on est désolés, on ne comprend pas ce qui s'est passé », etc. Je suis obligé de leur dire : « je n'ai pas le droit de vous parler », mais inutile de vous dire que l'oreille est un peu complaisante dans ces cas-là...

Donc le système que nous avons aujourd'hui est un système qui n'est plus le système des jurés populaires. Qui est un système où les jurés populaires sont encadrés par des magistrats professionnels. C'est même Beccaria, le père du droit pénal moderne, qui disait au XVIIIe siècle que pour juger il valait mieux avoir du bon sens que l'habitude de condamner en permanence. C'était ça le problème. Et il faut dire que la situation actuelle est terrible. Bien entendu, je ne veux pas critiquer les magistrats, ils ont beaucoup trop de difficultés actuellement compte-tenu de la faiblesse de leur recrutement; la lettre signée par six mille d'entre eux, avant l'été, est une lettre bouleversante. Mais enfin, je suis quand même obligé de leur dire quelque chose : l'accroissement constant de la détention provisoire, c'est qui? Ah!, ils me disent « c'est parce que c'est nécessaire! ». Mais est-ce qu'il est nécessaire de placer de plus en plus en détention provisoire? Est-ce qu'il est nécessaire, dans le système d'organisation dramatique de la justice, de développer les comparutions immédiates? Ce matin, le premier secrétaire de la conférence me racontait qu'il avait plaidé à six heures du matin plusieurs fois de suite. Ces comparutions immédiates où l'on précipite les gens, où on a un quart d'heure, vingt minutes pour juger. Et comme on n'a pas le temps de les juger, on renvoie mais on les garde en détentions le temps du renvoi. Ou bien on les condamne à de petites peines. Et les études que l'on vient de faire? Toutes les études? Moi j'ai étudié ça, j'ai été nommé membre du comité des États généraux. Sur la prison, nous avons constaté une situation qui est une situation déplorable. On est très près de la façon de juger, on est très près de ce dont on parle! Cette augmentation des détentions provisoires, cette augmentation des courtes peines... Il y a aujourd'hui plus de soixante-quatorze mille détenus pour soixante-deux mille places. Nous sommes-là dans une situation qui est dramatique. On n'en parle pas assez! On ne voit pas assez cette situation horrible! On met des matelas en plus dans les cellules! Actuellement, il y a dans les maisons d'arrêt trois détenus pour deux places! Et les gens vivent dans des conditions effroyables et cela continue. Et alors que nous avons dit dans le rapport des États généraux que pour remédier à la surpopulation pénitentiaire, il convient aujourd'hui non pas de construire des prisons, mais de diminuer le nombre des prisonniers. Quand le ministre de la Justice a rendu compte de ces travaux, il a dit « ça y est on va résoudre le problème, on va construire quinze mille places », ce qui est une absurdité.

Et donc nous sommes dans une justice qui est dans une situation de très grande difficulté. Est-ce que c'était le moment de retirer de cela les jurés? Cette organisation des cours criminelles, et on a parlé du rapport qui a été défendu, c'est un échec total. C'est rien! Est-ce que l'on veut accélérer la procédure? Mais faut-il accélérer la procédure? Faut-il qu'on juge les gens en moins de temps? Est-on sûr que ce sera bien? Est-ce qu'il faut aller vite? Ou est-ce qu'il faut aller bien, quitte à passer plus de temps? Je trouve que c'est vrai que le problème c'est la création de ces juridictions. Où est l'avenir? Et bien malheureusement, je crains que le danger ne soit pas que ce genre de juridictions recule mais qu'elles s'étendent, au contraire.

La CGLPL me disait que dans la prison de Fresnes, les détenus dorment avec un masque chirurgical sur la tête, sur la bouche. Je dis « pourquoi, il y a une épidémie de Covid? ». Elle me dit « non, c'est pour éviter que les cancrelats leur entrent dans le nez ». Voilà les prisons que nous avons actuellement. Je ne peux pas parler des jurés, je ne peux pas parler de l'organisation des tribunaux qui rendent la justice sans commencer par ça. Nous avons-là une espèce de devoir d'humanité. Nous avons-là quelque chose qui doit nous révolter en profondeur : ce nombre incroyable et ces conditions de détention. Et bien elles sont aussi dues à la façon dont la justice est rendue. Elle est rendue ainsi parce que les magistrats sont désemparés, parce qu'ils sont accablés d'affaires qu'on leur envoie à toute allure en leur demandant d'aller très vite. On va vite et on ne s'aperçoit pas que l'on condamne trop de gens à la prison. Et à des courtes peines de prison. Alors qu'il y a des solutions. Il y a des années, des décennies, presque un siècle que l'on me dit que la réinsertion sociale est la plus importante des mesures pénitentiaires. Que la peine a pour fonction la réinsertion sociale. C'est oublié cela! Et avant de résoudre ce problème des jurés, est-ce que ce n'est pas cela qu'il faudrait résoudre ? Ce sera difficile, mais il faut y mettre les moyens. Et moi je le dis, on ne pourra pas se contenter de revenir en arrière sur cette histoire de jurés qu'on a chassés, hélas.

J'espère que vous allez gagner Benjamin, j'espère que le Conseil constitutionnel pourra dire « non ». Bon j'ai tellement espéré ces choses-là, les choses comme celles-là. J'ai perdu dans la vie mais je crois qu'il faut vraiment faire quelque chose. Il faut que nous nous révoltions et que nous nous révoltions parce qu'on a perdu un principe qui était essentiel. Faire que le peuple se rende compte qu'il est pour quelque chose dans la justice. Mais même nos adversaires nous le disaient, quand on disait « quand même, le jury a été très sévère », et qu'ils nous répondaient « eh ! bien j'y peux rien, c'est le peuple ». Oui c'est le peuple qui permet parfois cet excès, mais il est évident qu'il faut lui donner du pouvoir. Donc, je suis bien entendu pour l'abolition de ces textes, mais je pense qu'il ne faut pas que nous rêvions sans avoir conscience de cet espace où il y a encore beaucoup de choses à faire. Il faut aussi révolutionner la justice, il faut aussi que nous réussissions à rendre la justice plus humaine. Et là nous pourrons faire revenir effectivement le peuple. C'est invraisemblable, ces jurés que nous avions aux cours d'assises, c'étaient d'abord des témoins, c'étaient des témoins de la façon dont la justice se rend. Ils voyaient ce qui se passait, ils entendaient les avocats, ils entendaient les avocats des parties civiles, les avocats de la défense. Aujourd'hui, on essaye de s'en sortir. Alors moi ce que je vous dis, je crois qu'il faudrait que toutes et tous nous travaillions pour que la justice soit plus humaine.

édition pré-presse
livres numériques

44400 Rezé

723773 - (I) - OSB 80g - Atelier 00 (LC)
Achevé d'imprimer en février 2025
sur les presses de la Nouvelle Imprimerie Laballery
58500 Clamecy
Dépôt légal : mars 2025 – N° d'impression : 501601

Imprimé en France